【文庫クセジュ】

ウクライナの地政学

エマニュエル・アルマンドン著
村松恭平訳

白水社

目次

チェルニヒウ
ロシア
スムイ
ハルキウ
ポルタヴァ
チェルカースィ
ルハンシク
キロヴォフラード
ドニプロペトロウシク
ドネツィク
ザポリージャ
ミコライウ
ヘルソン
アゾフ海
クリミア
自治共和国
黒海
シンフェロポリ
セバストポリ
200 km

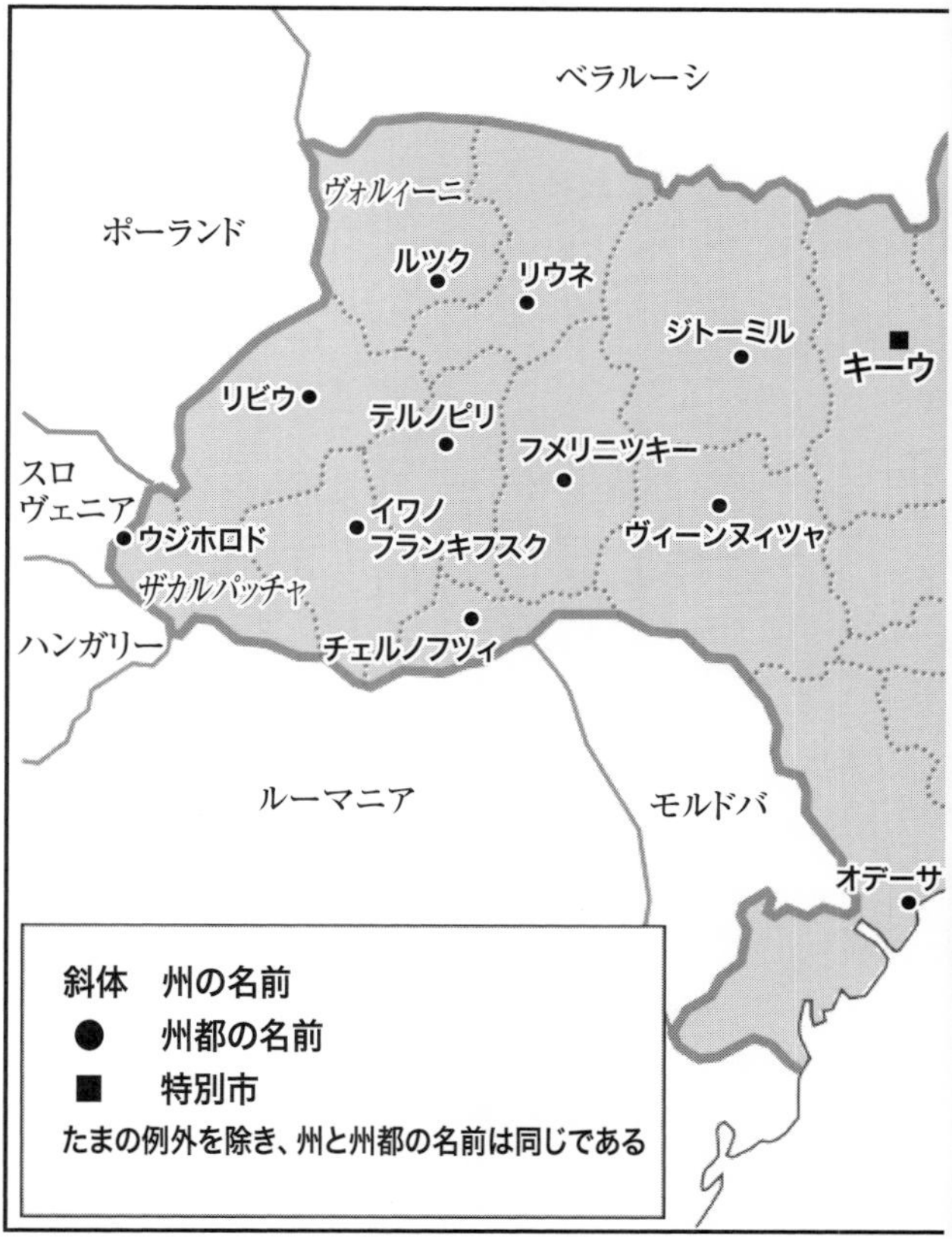

図１　独立したウクライナの国境

序文

二〇一三年十一月にウクライナ大統領ヴィクトル・ヤヌコーヴィチが欧州連合（EU）との連合協定の[*1]調印を断念した時、この決断が冷戦終結以降に世界が経験した最も深刻な国際危機の一つを引き起こすことになるとは誰にも想像できなかった。

数カ月間に一連の出来事――マイダン（独立）広場での平和的抗議、ウクライナ政権によるデモ隊の暴力的抑圧、ヤヌコーヴィチ大統領のロシアへの逃亡とそれに続く彼の解任、反体制派のユーリヤ・ティモシェンコの解放、臨時政府の樹立、早期大統領選挙の告知、親露派勢力によるクリミアの掌握、クリミアのロシア帰属をめぐる国民投票、ロシアによるクリミア併合、欧米諸国・ロシア間の制裁のエスカレートなど――がすさまじいス

（1）初出でアステリスク（＊）が記されている言葉は、一一八ページの用語解説を参照。

ピードで展開した。

国内・国際情勢が数カ月にわたって非常に緊迫した後、新大統領にペトロ・ポロシェンコが就任した（第一回投票で五四・七パーセントを得票し、二〇一四年五月二十五日に選出された）ものの、この国を襲った危機に終止符を打つことはできなかった。ウクライナ東部で出現していた分離主義運動がロシアによるクリミア併合の数週間後に過激化し、ウクライナ政府当局は二〇一四年の春に軍事作戦を決行せざるをえなかった。ロシア兵士のウクライナ侵入、彼らによるドンバス地方*の分離主義者への物的支援が武力衝突を激化させた。二回の停戦合意（「ミンスク協定」と呼ばれ、第一次は二〇一四年九月、第二次は二〇一五年二月）の締結にもかかわらず、戦闘はまったく止まなかった[2]。二〇一四年から二〇二〇年までに、この戦闘によって一万三千人以上が命を落とした。

二〇一九年の大統領選の選挙運動中にロシアとの和平交渉に前向きな姿勢を示したウォロディミル・ゼレンスキー（第二回投票で七三・二パーセントを得票し、二〇一九年四月に大統領に選出）も、ロシア政府との対話を再開することができなかった[3]。それどころかウクライナとロシアの紛争は二〇二一年を通して激化し続け、二〇二二年二月二十四日のロシア軍によるウクライナ侵攻に至った。この侵攻は第二次世界大戦終結以降、欧州で未曾有の危機を引き起こした。国際情勢を緊迫化させたこの戦争により、たった三週間で九〇〇人の民間人が亡くなり、一千万人が避難することとなった（三五〇万人以上がウクライナからの脱出を余儀なくされ、六五〇万人が国内において移住した）[4]。

一九九一年の独立以後のウクライナの国際的立ち位置の変遷を分析することで、現在起こっている紛争の諸問題をより深く理解できるようになるだろう。ウクライナの欧州との関係、そしてロシアとの関係は、二〇一三年末以降にこの国を襲った出来事の核心にあ

（2）ユーロマイダンとその結果については以下を参照：A. de Tinguy, E. Armandon, L. Delcour, « Un an de crise en Ukraine », étude réalisée pour la Délégation aux affaires stratégiques du ministère de la Défense, décembre 2014 : www.sciencespo.fr/ceri/sites/sciencespo.fr.ceri/files/Ukraine-DAS-CERI- de%CC%81c-2014.pdf.

（3）Muraz, « Enjeux et perspectives de l'élection présidentielle ukrainienne », *Questions d'Europe* (fondation Robert Schuman), n° 508, 25 mars 2019.

（4）*ONU Info*, 21 mars 2022 : https://news.un.org/fr/ story/2022/03/1116702.

る。本書の目的は、一九九一年以降、ウクライナ政府がこの二つの主要な国際パートナーと保ってきた関係の変化を検討することだ。ＥＵとロシアに対するウクライナの対外政策を特徴づけた重大な局面と特徴を分析し、そしてまた、ウクライナ国民が自国の国際的方針に向けた視線の複合性と多様性を明らかにすることにも努める。ウクライナが外界と保ってきた関係を検討することで、今日のウクライナの現実をより深く把握することも可能になるだろう。後に見るように、七十年に及んだソビエト体制後の一九九一年に誕生したこの若き国の国家・国民建設は、未だ不安定かつ不統一であり、完成には程遠い。

第一章　ウクライナの「欧州への回帰」

一九九一年以降、ウクライナの外交政策はいつも「欧州への回帰」という決定的な問題が中心となり、欧州統合というテーマは、ウクライナ国のトップを引き継いだすべての指導者の言説の一部をなした。しかし、実施された手段は掲げられた目標のレベルに必ずしも達していなかった。諸改革の遅さ、そしてこの国の内政の変化が、ウクライナ政府とEUの歩み寄りをたびたび妨げた。他方、その歩み寄りが期待されたように進まなかったのは、一部のEU加盟国によるためらい――ウクライナはEU加盟国になるのにふさわしいか?――のせいでもあった。これらの要因すべてがウクライナ国民の期待に影響を及ぼした。

I　ウクライナの指導者による欧州の選択

1　レオニード・クラフチュク大統領下のウクライナと欧州の関係（一九九一〜一九九四年）

一九九一年十二月一日、ウクライナ国民が国民投票により自国の独立に賛同した（九〇・三パーセント）まさにその日に、大統領に当選するや否や、レオニード・クラフチュクはウクライナの欧州グループへの回帰を外交政策の最重要課題の一つとした。この国の政治エリートや知的階級エリートの多くの代表者と同様に、彼もまた、ウクライナは歴史的にも地理的にも欧州に属し、ソビエト時代にそこから人為的に引き離されたのだと考えていた。

ウクライナ政府にとってこの「欧州への回帰」は、ロシアに対して距離を置く手段だった。そのロシアとの関係は、本書で後に見るように、ソ連崩壊*直後において非常に緊迫していた。レオニード・クラフチュクは、留め置かれていた「植民地体制」から、自国が抜け出さなければならないと考えていた。[1]　彼の目標はロシアとの関係を完全に断つことではなかったが、一九九〇年代初めの多くのウクライナの政治家と同様に、「ユーラシア圏、すなわちポストソビエト圏は、ロシアによって政治的・経済的に支配される地域にほかならない[2]」と考えていた。彼らによれば、この地域との関係が強くなるほどウクライナの独立は危うくなるのだった。ウクライナの指導者たちは、ロシアから解放されたいという意欲と、欧州に回帰するのだという決意を一九九〇年代初めから公然と表明しながら、一九八九年のベルリンの壁と共産主義体制の崩壊直後に中欧諸国が選んだ路線を進もうとした。これらの国々へのソビエト支配が終わったことで、各国は今や自由で独立した新たな外交政策を作り上げ、実施することができていた。この政策は全般的に、中軸を成す一つの方針、すなわち「欧州への回帰」という方針を中心に構成されていた。

ウクライナも独立した直後にこの論理に組み込まれ、欧州中心の国という地位を求め

(1) 以下を参照 *Argumenty i fakty*, n° 45, 1994.
(2) D. Arel, A. Wilson, « Ukraine under Kuchma : Back to "Eurasia"? », *RFE/RL Research Report*, vol. 3, n° 32, août 1999, p. 1-12.

た。その目標は、EUの機関および加盟国との交流や協力を重視するというものだった。この目標のために、レオニード・クラフチュクは大統領任期の最初の数カ月間に、欧州の主要都市への公式訪問を何度も行った。一九九二年二月にベルリンに赴き、その数カ月後の六月にはパリでミッテラン大統領と友好協力条約を結んだ。一九九二年九月にはブリュッセルを訪問し、そこで彼はできる限り早く欧州経済共同体(EEC)との交渉をスタートしたいと述べた。同じくその「欧州への回帰」を促進するという目標のために、ウクライナは中欧の隣接国と友好関係を築こうとした。なかでもハンガリーがそうで、ウクライナは一九九一年十二月六日にはこの国と友好協力条約を結んでいた。ウクライナの独立を最初に認めたポーランドとは、一九九二年五月に既存の国境の不変性を認める友好善隣協定を結んだ。そうしてこの二国は相手国の領土のいかなる部分も要求しないとした。

これらの隣接国と確かな良好関係を築き、欧州グループへの回帰を早めることを目指したウクライナは、ヴィシェグラードグループ(3)への加盟願望を幾度も表明した。結局この要望はお蔵入りのままだが、ウクライナの指導者たちは早くも一九九三年には欧州諸機関と交渉を始めることに成功した。その交渉は、一年後の一九九四年六月にはウクライナ政府とEUとの間のパートナーシップ協力協定（PCA）の調印に至った。ウクライナとEECの関係を規定する基本的枠組みを成したこの協定（一九九八年に発効）の目的は、これら二つのパートナー間の政治対話を発展させること、貿易を促進させること、一連の分野（経済・財政問題、文化・技術協力、知的所有権など）において互いに利益になる協力を推進すること、ウクライナにおける民主主義の強化および経済移行を支援することだった。

財政面では、EECとポストソビエト諸国との関係を支え、PCAで定められた目標を促進するために「独立国家共同体への技術的な援助（TACIS）」[4]がその主な手段として考案され、ウクライナはこのプログラムの枠組みで一九九一年から二〇〇三年までに

（3）一九九一年二月に創設されたこのグループは、ポーランド・ハンガリー・チェコスロバキア（一九九三年以降はチェコ共和国とスロバキア）によって構成されている。当初このグループはこれら加盟国の欧州・大西洋の諸機関（EUとNATO）への完全加盟を見込み、加盟国間で緊密な政治・経済的協調体制を作ることを目指していた。

（4）Technical assistance to the Commonwealth of independent states の頭字語。

十八億ユーロの財政援助を受け取った。一九九四年には、ウクライナがEUとパートナーシップ協力協定を結んだ最初の旧ソ連国となった。この出来事は、当時この国の指導者たちにとって非常に大きな象徴的重要性を帯びた。しかし、レオニード・クチマが政権の座に就いたことで、ウクライナ・EU関係の発展が停滞するのではという懸念が広がった。

2　クチマ大統領下のウクライナと欧州（一九九四〜二〇〇四年）

一九九四年の大統領選挙のための選挙運動は、ウクライナの欧州派と「ユーラシア」派の真の戦いの雰囲気のなかで行われた。前者のリーダーだったレオニード・クラフチュク大統領は二期目に立候補する。彼の最大のライバルは元首相レオニード・クチマ（一九九二〜一九九三年）だった。クチマはクラフチュクが経済面でひどい結果を招いたと非難し、自分がウクライナを徐々に市場経済の道へ導く現実主義的改革者だと言うのをためらわなかった。ウクライナの有権者を引きつけたのは、クチマが取り組もうとしていた経済改革の細部や方針ではなく、むしろウクライナが当時被っていた経済危機についての彼の原因分析のほうだった。

クチマは自国の経済衰退の原因は、彼が呼ぶところの「ユーラシア圏」――それはポストソビエト圏、さらに狭めればロシア――との関係の断絶だと考えていた。彼によれば、独立国家共同体*（CIS）諸国との接近によってのみ、経済困難を乗り越えられるとのことだった。クチマは一九九四年七月に次のように力説した。「現実的な考え方とリアリズムは、政治的ロマンチシズムに勝らなければならない。（……）歴史的にウクライナはユーラシアの経済・文化圏に属している。（……）ユーラシア圏内で自らを孤立させ、自らの利益を積極的に推進することを拒んだのは重大な政治的過ちだった。そしてそれは我々の国家経済に巨大な損害を与えた」。「ウクライナの商品の輸出にとって、ウクライナが必要とする製品・原料・エネルギー資源があるのは、最も現実的な販路と同じように」この地域においてだ。「（……）ウクライナはユーラシア圏の経済統合プロセスにおいて積極的な役割を果たさなければならない。（……）CISにただ属すだけでなく、CIS圏内の政治に積極的に影響を与えられなければならない」と当時彼は説明した。[5] レオニード・クチ

（5）*Holos Ukrainy*, 21 juillet 1994. Voir aussi *Kommersant*, 20 juillet 1994.

マはこのような立場を取り、ポストソビエト圏との関係の発展はウクライナが欧米諸国との関係を深めたり改善したりすることを妨げることは決してないと何度も繰り返したが(6)、彼の最大のライバルの主張とまったく相容れなかった。

さらに、クチマがセバストポリ港を（ロシアがそこで黒海艦隊の一部を維持できるように）ロシアに貸し出すことと、ロシア語にウクライナの第二公用語の地位を付与することに賛意を表明した時、彼の選挙公約がロシアとの歩み寄りの必要性を強調していたことは明らかだ。それによってレオニード・クチマは彼の敵対者や国際社会の観察者の多くから、「親露派」や「モスクワのお気に入り」などと呼ばれるようになる。彼の大統領選出（一九九四年七月の第二回投票で五二・一パーセントを獲得）は当時、ウクライナがその外交政策を完全に転換しようとしていると思わせた。しかし、その後の出来事がこの分析を否定することになる。たしかにレオニード・クチマによる政権獲得後の最初の数カ月は、特にクリミア問題を巡って緊迫した状況（七六ページ以降を参照）が数年間続いた後の、ウクライナ・ロシア間の対話の復活が特徴的だった。二国間対話の回数が増え、両国の条約の調印に関する交渉および黒海艦隊の分割はいくらかの目覚ましい進展を果たした。それでも（ロシアとその他の国の）多くの人の予想に反して、レオニード・クチマの選出は結局のところ、ウクライナの外交政策に関する方針に大きな変化をもたらさなかった。「私はロシアの配下になるために大統領に選ばれたのではない」と新大統領は一九九四年十月に発言した。[7] 実際のところ、クチマ大統領下でのウクライナ政府当局は、欧米諸国との関係構築を断念しなかったどころか、米国とだけでなく西欧・中欧・東欧の国々とも関係を発展させていった。クチマ大統領は一九九六年に、EUへの完全加盟が自らの最重要課題だとはっきり述べた。

ウクライナは北大西洋条約機構*（NATO）にも徐々に接近していった。ウクライナ政府はNATO拡大を支持し、一九九七年七月にはNATOとの間でパートナーシップ憲章に調印した（九〇ページ以降を参照）。つまり、ウクライナはたしかにロシアとの関係を改善しようと試みた――そして部分的にそれに成功した――が、だからといってEU機関お

（6）*Itar-Tass*, 15 juin 1994 ; *UNIAN*, 16 et 26 juin 1994.
（7）*Nezavissimaâ Gazeta*, 28 octobre 1994.

よびNATOとの接近を危険に晒すことはなかった。こうした観点から、一九九八年六月にレオニード・クチマは「ウクライナの欧州連合への統合戦略」に関する政令に署名した。そこにはいくつかの目標（政治的・経済的・文化的・社会的な目標など）が定められていた。

それから二年後の二〇〇〇年九月には、ウクライナはより詳細で、なかでもアキ・コミュノテール〔EU法体系の総称〕の受容計画を含む「統合の国家計画」を発表した。その計画では次のような段階——二〇〇三年に世界貿易機関（WTO）に加盟、二〇〇七年までにEUとの関税同盟*そして連合協定を締結、二〇一一年から二〇一一年にEUに加盟——が提示されていた。ウクライナ政府当局はまた、外務省には「欧州統合担当大臣」を、大統領官邸には「欧州統合と欧州・大西洋統合のための国家審議会」を創設した。

EU側も、ウクライナによる欧州の選択を支援しようと、「ウクライナに対するEUの共通戦略」と題する文書をPCAに追加したいと考えた。一九九九年十二月にヘルシンキ欧州理事会で採択されたこの文書では、ウクライナの特別な重要性が考慮され、ロシアとともにEUの東側で接する二大隣国のうちの一国であることから(8)、この国に対する特別な戦略アプローチの展開が目指されていた。政治対話の強化、そして特に経済と安全保障分野での協力の強化が重視された。それに向けてEU・ウクライナサミットの開催が決まり、それ以降、年に一回開催されることになる。

クチマ大統領は二度にわたる任期中、ウクライナが欧州を目指していることを公式に認めた。だが、彼の行動は必ずしもその発表ほど野心的ではなかった。二〇〇〇年以降（特にジャーナリストのゴンガゼの暗殺事件。四一ページ参照）大統領官邸を揺るがした危機によってクチマ大統領の力は弱まり、ロシアに支援を求めることとなった。まさにその時プーチン大統領が、彼によると一九九〇年代に自由になり過ぎたウクライナとの関係を結び直そうとしていた。ウクライナ政府とEUの関係が勢いよく発展するには、二〇〇四年の「オレンジ革命」とヴィクトル・ユシチェンコの政権獲得を待たねばならなかった。

（8）EUは一九九九年六月にロシアに対しても「共通戦略」を採択した。

3　オレンジ革命とヴィクトル・ユシチェンコ大統領の欧州計画（二〇〇四〜二〇〇九年）

二〇〇四年にウクライナの有権者たちは、政権に十年間留まったレオニード・クチマの後任を引き継ぐ新たな元首を選ぶための投票に呼ばれた。この大統領選に向けた選挙運動の雰囲気がとりわけ不穏であることがすぐさま明らかとなる。メディアは著しく制限され、野党勢力に対しては脅迫や威嚇がなされた。さらに悪質なことが生じた。元首相（一九九九〜二〇〇一年）で「我らのウクライナ」党の党首、そして反体制派のリーダーだったヴィクトル・ユシチェンコに毒が盛られたのだ。それによって彼の顔は変わり果て、命の危機に瀕した。

大統領選で争った二人の主要候補のプロフィールと選挙公約は非常に異なっていた。ウクライナ東部に位置するドンバス地方出身であるヴィクトル・ヤヌコーヴィチは当時首相で、与党候補として立候補した。二〇〇三年に創設された共通経済空間への統合を通じて、CIS諸国、なかでもロシア・ベラルーシ・カザフスタンへの接近を提案した。彼はまた二重国籍（ウクライナとロシア）に賛意を表明し、ロシア語の地位に関する国民投票の実施にも乗り気な姿勢を見せた。ロシア政府お気に入りの候補者とみなされた彼は、ウラジーミル・プーチンとその政治顧問たちから個人的に支持を受けた。

ウクライナ西部で非常に人気が高かったヴィクトル・ユシチェンコのほうは、信念の固い親欧米派で、自国のEUおよびNATOへの加盟を最優先課題とした。一九九九年から二〇〇一年に首相を務めた彼はその当時、大規模な改革計画（行政改革・予算緊縮・財政改革・債務再編など）に取り組んだ。ついにウクライナが真剣な政治経済改革をスタートしたのを見て喜んだ欧米の主要都市では、ヴィクトル・ユシチェンコは高く評価されていたが、クチマ大統領周辺では全員から支持を得られていなかった。権力を取り巻くビジネスマンや政治・金融界は、汚職そして「寡頭支配」体制と闘おうとする彼の意志を白い目で見ていたのだ。当時そのために議会の不信任投票が行われることになり、その後、二〇〇一年にヴィクトル・ユシチェンコは首相を辞任せざるをえなくなった。二〇〇四年の大統領選に彼が出馬したのは、ウクライナを改革の道に戻すためだった。

第一回投票（十月三十一日）の結果、反体制派のユシチェンコがやや優勢となった（得票率は三九・九パーセント、対するライバルは三九・二パーセント）。だが、第二回投票（十一月二十一日）の出口調査では、算出された公式の数字とはまったく異なる結果が出た。ヴィクトル・ヤヌコーヴィチの得票がユシチェンコを三パーセント上回ったのだ。欧州安全保障協力機構*（OSCE）はウクライナ東部で大規模な選挙不正があったとする申し立てを認めた。米国とEUが強く批判するこうした不正行為は、ウクライナ国民の間でも大きな反発を引き起こす。ヴィクトル・ユシチェンコと彼の支持者はこの選挙結果を受け入れるのを拒み、投票の無効を要求した。こうしてウクライナは深刻な政治危機に陥ることになる。

「オレンジ革命」の名で知られる何週間もの民衆デモと、大統領選の第二回投票のやり直し（十二月二十六日）の後、ヴィクトル・ユシチェンコがついに大統領に選出される（得票率は五一・九パーセント、対するヤヌコーヴィチは四四・二パーセントだった）。

この新大統領には外交政策に関して非常に明確な計画があった。彼にとっては、そして「オレンジ革命」の彼の支持者たち——なかでも二〇〇五年一月に彼が首相に任命したユーリヤ・ティモシェンコ——によれば、「ウクライナのいるべき場所が欧州なのは明らか」だった。二〇〇五年春に彼はインタビューで、「この選択が我々の戦略的利益に合致していることを我々は心の底から確信しています。遅かれ早かれ我々は欧州の一員になる

でしょう」と説明した。(9)

ウクライナの指導者らの発言では、EU加盟という目標は今に始まったものではない。しかし、ヴィクトル・ユシチェンコは前任者たちとは異なり、宣言を行動に移そうとした。つまり、ウクライナのEU統合を促進・加速させる諸改革に着手することを望んだのだ。彼はウクライナのアイデンティティが欧州にあること、そして特に民主主義に関して、自国がEUと共通の価値を有していることを確信していた。アンヌ・ド・タンギーの説明によれば、二〇〇四年のヴィクトル・ユシチェンコの選挙公約で、EUへの統合計画が占める中心的地位を考えると、「彼に投票するということは、はっきりと欧州統合に賛同するということ(10)」だった。

(9) Voir l'entretien de Viktor Iouchtchenko à *Politique internationale*, n° 107, printemps 2005, p. 15-32, et celui d'Ioulia Timochenko, dans le même journal, n° 113, automne 2006, p. 353-370.

(10) A. de Tinguy, « La détermination européenne de l'Ukraine », in J. Rupnik (dir.), *Les Banlieues de l'Europe. Les politiques de voisinage de l'Union européenne*, Paris, Presses de Sciences Po, 2007, p. 41-73.

EUのほうは、「オレンジ革命」(11)の平和的解決に多大な役割を果たした後、ユシチェンコ大統領とその政権を完全に支持した。二〇〇五年二月にはウクライナ政府とEUは「欧州近隣政策」*の枠組みで、将来のパートナー関係の計画・目標・優先課題を定めたアクションプランを作り上げる。政治対話、経済・社会改革、司法と内政、エネルギー、輸送、環境、研究など、いくつもの重点分野が特に選ばれた。

コンディショナリティ(条件付き)の原則に従い、自国をEUの価値観に近付けるための優先分野(経済改革、人権の尊重、民主主義、法治国家、ガバナンス、テロとの戦い、大量破壊兵器の不拡散、地域紛争の平和的解決に向けた努力、移民など)における諸改革をウクライナが進めるほど、EUからの政治的支持および財政支援は拡大していき、両者間の政治・経済・安全保障・文化面の協力体制も強化されていった。こうした文脈において、そしてまたEUが二〇〇九年五月にスタートした東方パートナーシップ*のおかげで、ウクライナとEU間の対話はヴィクトル・ユシチェンコ大統領の任期中にいっそう深くなった。

しかしながら、ウクライナのEUへの統合は期待された前進を見せなかった。PCA(一九九四年に調印、一九九八年に施行)に取って代わる、自由貿易地域の導入を認めることになっていた連合協定の調印は、二〇〇九年の予定から延期された。ウクライナ人のためのビザ制度に関する問題もほとんど進展しなかった。そのうえ、ＥＵはウクライナのＥＵ加盟の展望を長期的においてさえいっさい示さなかった。その主な原因は、ユシチェンコ大統領によって発表された改革が実行されなかったか、あるいは部分的にしか実行されなかったことだった。彼の行動の結果は、国民からだけでなく、ウクライナの多くの国際パートナー国からもたびたび失望された。そうしたことで、ウクライナの有権者たちは「オレンジ革命」から生まれた指導者らによる政権を終わらせようと考えるようになった。二〇一〇年二月、外国の視察団から今回は正当かつ透明性があるとみなされた選挙運動の結果、新大統領に選ばれたのは二〇〇四年の選挙で敗北したヴィクトル・ヤヌコーヴィチ

（11）「オレンジ革命」の間、ポーランドのクファシニェフスキ大統領、リトアニアのアダムクス大統領、ＥＵの共通外交・安全保障政策（ＣＳＤＰ）上級代表であるハビエル・ソラナから成る代表団が、ウクライナのさまざまな政治勢力と対話をするためにキーウに赴いた。この時のＥＵの仲介行動は、緊張緩和と第二回投票の再実施に貢献した。

だった。

4 ヴィクトル・ヤヌコーヴィチ大統領下のウクライナとEU（二〇一〇〜二〇一三年）

ウクライナの国家元首に選ばれてからわずか数週間後の二〇一〇年三月一日、ヴィクトル・ヤヌコーヴィチは最初の公式外国訪問としてブリュッセルへ赴いた。二〇〇四年の「オレンジ革命」以降、多くの人から親露派や「モスクワの配下」と思われていたこの新大統領は、EUへの統合が依然としてウクライナの最優先目標だと伝えることで、欧州の対話者たちをすぐに安心させたいと考えた。ヴィクトル・ヤヌコーヴィチの発言は、ウクライナの欧州への熱望を再び強調するものだった。彼は「我々には欧州の未来がある」と二〇一〇年四月に表明した。さらに、ウクライナの国内・外交政策の基礎に関する二〇一〇年七月一日の法でも、EU加盟が最優先目標であることが規定された。数カ月後、彼はこの立場を次のように繰り返す。「ウクライナは欧州連合に統合されるために努力し続けます」[12]。二〇一一年六月にストラスブールでの欧州評議会を訪れた時には、ヴィクトル・ヤヌコーヴィチは改めて次のように約束を固くした。「欧州への統合は今でもウクライナの国内・外交政策の最優先課題です[13]」。

ところが、ヤヌコーヴィチが公式発言にほとんど合致しない政策を推し進めていることがすぐさま判明する。大統領に選出されてからわずか数カ月後、彼が真っ先に接近を試みたのはとりわけロシアだった。それは早くも二〇一〇年四月二十一日に現実となる。この日、彼はロシアのドミトリー・メドヴェージェフ大統領とともにハリコフ合意に調印する。この合意の条項に基づき、ウクライナはセバストポリ海軍基地のロシアによる借用を二〇四二年まで延長する代わりに、ガス価格の三〇パーセント値引き（十年間）を獲得する。見出されたこの合意のおかげで、クリミアでのロシア黒海艦隊の駐留をめぐってユシチェンコ大統領の任期中に何度も高まった外交的緊張を鎮めることができた[14]。この合意

（12）Interview « Ianoukovitch : "L'objectif de l'Ukraine reste l'Europe" », *Le Figaro*, 6 octobre 2010.
（13）二〇一一年六月二十一日の欧州評議会の議員総会でのヤヌコーヴィチの発言。Voir aussi son interview dans *Le Monde* du 24 juin 2011.
（14）Voir E. Armandon, « La Crimée dans les relations ukraino-russes : une controverse du passé ? », *Questions internationales*, n° 50, juillet-août 2011, p. 97-104.

はまた、「オレンジ革命」後の数年間に二国間関係を悪化させたエネルギー危機が今や過去のものになったことも暗示した。その後続いたウクライナとロシアの歩み寄りは、「オレンジ革命の時代」に両国間で深刻な危機を引き起こした係争の大部分について、ウクライナがその立場をロシアの望む方向に転換させたことによっても促進された。後ほどまたこの話題に戻るが、ロシアで非常に強い反感を生み出したウクライナのNATO加盟問題は、もはや時代遅れなものになった。ロシア語はウクライナ社会のあらゆる領域（なかでも行政・メディア・教育）においてより大きな地位が与えられた。ヴィクトル・ヤヌコーヴィチはまた、一九三〇年代の大飢饉に関して巻き起こった正史をめぐる争いに終止符を打つ――「ホロドモール」はウクライナ人に対して遂行されたジェノサイドだったと考えていた前任者たちとは違って、ヤヌコーヴィチ新大統領はこの歴史の出来事を「当時ソビエト圏に属していたすべての民族を襲った悲劇[15]」とみなしたのだ。

ハリコフ合意の締結はまた、経済・文化・宗教など多くの領域での際立った協力への道も開いた[16]。迅速かつ目覚ましく進展したウクライナとロシアの接近は、その当時、多くの疑問を呼び起こした――ウクライナとEUの関係はどうなっていくのだろうか？　しかし、その関係は見かけに反して、ヴィクトル・ヤヌコーヴィチ大統領の任期の最初の数カ月においては停滞することがなかった。彼が政権を獲得しても、ウクライナ・EU間の接触は減少しなかったのだ。その証拠に、二〇一〇年九月一日から十二月半ばまでだけで、EUとウクライナの間で約九十回もの会議が開催された[17]。

二〇一〇年十一月のEU・ウクライナサミットの前日、欧州理事会議長ヘルマン・ファン・ロンパイは、ウクライナとの接触が多くなされていることを認めた。「今回のサミットは、今年初めにヤヌコーヴィチ大統領が選出されてから初めてのサミットですが、

(15) 二〇一〇年四月二十七日の欧州評議会の議員総会でのヤヌコーヴィチの発言。

(16) A. de Tinguy, E. Armandon, « Ukraine : la présidence Ianoukovitch, retour en arrière ou nouvelle étape du processus de transition ? », *Questions internationales*, n° 45, septembre-octobre 2010, p. 90-99.

(17) S. Sutour, « Vers une nouvelle étape dans les relations entre l'Union européenne et l'Ukraine », rapport d'information fait au nom de la commission des affaires européennes du Sénat français sur les relations entre l'Union européenne et l'Ukraine, n° 692 (2010-2011), 29 juin 2011, p. 22.

私が大統領とお会いするのはこの一年で四回目になります」[18]。他方、ＥＵ拡大・近隣政策担当委員のシュテファン・フューレも二〇一一年一月のキーウ（キエフ）への公式訪問の際、ウクライナに赴くのは十カ月間で四回目だと述べた。ウクライナは、フューレがこの職務に就いてから最も多く訪れた国のうちの一つだった[19]。

ヴィクトル・ヤヌコーヴィチの選出後も、ウクライナとＥＵ間の対話が継続したことで、いくつかのプラスの前進がもたらされた。そのうち主要なものは、連合協定の調印と自由貿易地域の創設を目指した二者間交渉について確認された重要な進展に関連している。このことは、二〇一一年五月に公開された欧州委員会とＥＵ外務・安全保障政策上級代表の共同報告書から分かった。この報告書では、「連合協定の締結を目指した交渉において[20]」ウクライナが果たした「先行きの明るい進展」が強調されている。二〇一一年六月にフランスの元老院が公表した報告書も同じ趣旨の内容で、特に自由貿易協定の交渉について書かれている。「ユシチェンコ時代の終わりに交渉は大きく後れをとったが、ヤヌコーヴィチ大統領の選出以降は一定のペースを取り戻し、さらには、二〇一一年の初め以降は交渉ペースが速くなった。ウクライナ側はそれまで合意の結果を公表してもそれを実行する手段がなかったが、合意によって求められる諸要求を理解したようだ。そのことが、年末までに合意が調印されうると欧州委員会の交渉官たちが楽観的に考える理由である」[21]。二〇一一年四月にキーウを訪れた欧州委員長ジョゼ・マヌエル・バローゾは、二〇一一年がウクライナとEUの関係にとって決定的な年になるかもしれないと実際にほのめかしていた。「ウクライナの独立宣言から二十周年」のこの年が、「ウクライナと欧州連合の接近の年にもなってほしい」、「今こそ我々の関係の新たな一ページを開く時です」と彼はその

（18）Communiqué de presse « Sommet UE-Ukraine à Bruxelles », nº IP/10/1534 du 19 novembre 2010.
（19）二〇一一年一月十八日に行われた、ウクライナのK・グリシュチェンコ外務大臣との共同記者会見の際のフューレ氏の発言参照（nº SPEECH/11/25）。
（20）« Une stratégie nouvelle à l'égard d'un voisinage en mutation », communication conjointe de la Commission européenne et de la Haute Représentante de l'Union européenne pour les Affaires étrangères et la Politique de sécurité, COM(2011) 303, Bruxelles, 25 mai 2011.
（21）S. Sutour, « Vers une nouvelle étape dans les relations entre l'Union européenne et l'Ukraine… », art. cité, p. 28.

時発言した[22]。

ヴィクトル・ヤヌコーヴィチの任期の最初の数カ月には、ほかのプラスの進展も見られた。ウクライナはガス部門において国内法をEU基準に合致させることができたおかげで、四年にわたる交渉の末、二〇一〇年九月に欧州エネルギー共同体の加盟議定書に調印することができた。二〇〇九年に開始されたウクライナのガス輸送網の近代化におけるウクライナ・EU間の協力は、なかでも欧州投資銀行（EIB）の財政支援により、二〇一一年七月に具現化した。二〇一〇年十一月にブリュッセルで開催された十四回目の二者間サミットは、EU地域に行くことを望むウクライナ国民に与えられる短期ビザをいずれ廃止するためのアクションプランを採択して終了した。このサミットは、EUの諸機関（たとえば欧州司法機構（Eurojust）や欧州国境沿岸警備機関[23]（Frontex））の仕事に、そして事業・起業やエネルギー・情報通信技術に関するEUの特別プログラムに参加する機会をウクライナに提供する議定書の調印にも至った。

さらにEUは多くの分野で多額の財政支援をウクライナに与え続けた。二〇一〇年十一月にウクライナは、陸上・海上国境インフラの近代化および国境管理・監視能力の向上を目的として六六〇〇万ユーロを獲得した。二〇一一年五月にはEIBがウクライナの道路網改修のために、EU東方の隣国の一つにこれまで行ったなかで最高額の融資（四億五千万ユーロ）を行った。二〇一一年七月には制度改革実施の努力を支援するために、新たに総額三千万ユーロの支援金がウクライナに与えられた。二〇一二年九月には再生可能なエネルギー資源の発電の割合を増やすための計画実施に向けて、EIBはウクライナに二億ユーロを融資した。EUはまた、クリミア半島の状況の変化にも、いっそうの注意を払った。当地域におけるEUの影響力はそれまでほとんど目立たなかったが、二〇一〇年五月に、EUはこの半島の社会的・経済的（より具体的には観光部門と社会インフラの）発展の支援と海外直接投資の促進を目的とした「クリミアイニシアチブ」を開始した。二〇一一年二月にEUはシンフェロポリにおける共同協力イニシアチブにおける地域発展局の開設資金を部分的に援助し、その数カ月後には共同協力イニシアチブに一二〇〇万ユーロの予算を割り当

（22）二〇一一年四月十八日のバローゾ氏の記者会見での発言（SPEECH/11/282）。
（23）Eurojust はEUの司法協力機関。Frontex はEU加盟国の対外国境の警備を行う欧州機関。

てた[24]。

二〇一一年中には連合協定についての交渉が締結し、その条文は数カ月後の二〇一二年三月三十日に署名された。だがこの協定は、EU全加盟国の議会とヴェルホーヴナ・ラーダ*、そして欧州議会による調印と批准がなされなければ発効されえなかった。これらすべての段階を乗り越えるのが困難に見えたのは、ウクライナの内政の変化によって、この国とEUの関係の深化が再び問い直されたからだ。内政に関してウクライナ大統領がとった行動は、人権・民主主義・法治国家という普遍的価値がこの国に定着するかを改めて見張っていたEUの期待にほとんどそぐわなかった。たしかに、二〇一三年から二〇一四年にかけての冬に抗議の波が引き起こされた要因は、五年にわたるEUとの交渉後に連合協定の調印を断念したヤヌコーヴィチ大統領の態度の急変と関係していた。しかし、マイダン広場のデモ参加者たちの要求はすぐさま変化し、ヴィクトル・ヤヌコーヴィチの独裁体制および自国を蝕んでいた汚職に対する非難に進展した。それらの非難はポロシェンコ大統領下でも、彼の後を継いだウォロディミル・ゼレンスキー大統領下でも続いた。

概してウクライナの欧州統合は、国内問題とEU加盟国側の躊躇に頻繁に突き当たった。

Ⅱ　ウクライナの欧州統合——支障だらけの道のり

なぜウクライナの欧州統合プロセスが長くそして込み入っているかは、二つの主要因から理解できる。一つ目は、特に構造改革に関して、欧州統合を強く願うウクライナ指導者の発言に、具体的な行動がほとんど伴わなかったこととつながっている。二つ目は、ウクライナとの間で結ばれたパートナーシップの最終目的について、ＥＵ内で意見の一致がなかったことと関係している。

(24) Voir E. Armandon, «Relations Ukraine-Union européenne : quelles évolutions depuis l'élection de Viktor Ianoukovitch ?», *Questions d'Europe* (fondation Robert Schuman), n° 214, 26 septembre 2011.

1　国内問題

ウクライナの欧州統合を実現するには、この国を改革への道において前進させる必要がある。さらに、民主主義と法治国家の強化も要求されている。しかし、一九九〇年代初め以降、ウクライナ指導者たちが欧州統合への強い願望を公式に表明しているにもかかわらず、この国はＥＵが求める諸改革をなかなか採択・実施しなかった。この状況がウクライナとＥＵ関係の深化に悪影響を及ぼした。

特にレオニード・クチマの二期目（一九九九～二〇〇四年〔任期は二〇〇五年一月まで〕）の時がそうだった。すでに見たように、ウクライナは二〇〇〇年に「統合の国家計画」を採択し、このプロセスの監督を担う複数の機関を創設したのだが、政権の権威主義的逸脱がその前進を妨げたのだ。この観点で、一九九九年の大統領選挙を観察していた国際諸組織は、選挙運動と選挙それ自体の展開について非常に批判的だった。いくつかの不正が確認され、メディアはそれぞれの候補者に関して公平でバランスのとれた情報を提供しなかった。さらに悪いことに、選挙のわずか数カ月前に、反体制運動「ルーフ」のリーダーだったヴィアチェスラフ・チョルノヴィルが、事実が疑われる自動車事故で死亡した。

二〇〇〇年代初めのウクライナは、民主主義の基準に合った選挙を実施できなかったうえに、国内の深刻な政治危機にも見舞われた。この危機は、二〇〇〇年秋にキーウからそう遠くない森で首が切断された状態で発見された反体制派のジャーナリスト、ゲオルギー・ゴンガゼの殺害直後に発生した。その一年後、報道機関が通話記録を放送し、この殺害の黒幕がほかでもないレオニード・クチマ本人であろうことが判明する。この「カセット・スキャンダル」(「クチマゲート」とも呼ばれた)の結果、政権に対する大規模な反対運動が形成された。この「クチマのいないウクライナ」運動は、二〇〇〇年十二月から二〇〇一年三月にかけて大規模デモが開催される発端となった。国内政治において非常に弱体化したクチマ政権は、なかでもレーダーシステム「コルチュガ」をイランに売ったことで国連の禁輸措置に違反し、国際的にも弱体化していた。一九九〇年代末と二〇〇〇年代初めにウクライナ・EU関係の発展を阻んだのは、この国の民主化に見られる遅れと外交政策の弱さである。[25]

(25) レオニード・クチマ二期目のウクライナの政治の変化については特に以下参照。A. Aslund, M.

二〇〇四年の「オレンジ革命」直後のユシチェンコ大統領下で、ウクライナの欧州統合が期待された前進を遂げなかったのは、構造改革に関して進歩がほとんどなかったからでもある。改革できなかったのは、彼の任期を特徴づけた政治の不安定さに大方関係していた。この不安定さは二〇〇五年の「オレンジ陣営」分裂後の、ユシチェンコ大統領と、彼のかつての仲間で首相を二度務めたユーリヤ・ティモシェンコ〔二〇〇五〜二〇〇六年と二〇〇七〜二〇一〇年〕との間の長引く抗争の結果の一つだった。クチマ元大統領の側近が有利な価格で入手していた巨大国営企業の再民営化プロセスの規模をめぐって、当初出現した意見の相違が大きくなり、最終的にはほぼ恒常的な抗争に変化し、それが国の機関の働きを妨げる政治危機を何度も引き起こすようになった。

ユーリヤ・ティモシェンコは、ユシチェンコの自国のオリガルヒ〔ソビエト連邦崩壊後、旧ソ連圏で経済界を支配する特定の新興富豪や新興財閥〕との関係を咎め、大統領の側近に蔓延る汚職を非難した。ユシチェンコのほうは、二〇〇八年夏のロシア・ジョージア紛争〔南オセチア紛争〕時の穏健過ぎる態度と、ウクライナの国益に反するとみなしたガス協定の調印〔二〇〇九年〕後のロシア政府との共謀を理由に、ティモシェンコを「国家反逆」だと批判した。

ウクライナ政治が不安定化したのは、二〇〇四年十二月に採択され、二〇〇六年一月に施行された憲法改革もその原因だった。大統領の手に権力が集中する、つまりクチマ政権下で見られた逸脱を抑えるためのこの憲法改革は、大統領と議会の間の権力の不明瞭な再分配をもたらした。この「大統領＝議会」体制の導入は、特権をめぐる争いを何度も引き起こし、ウクライナをほぼ恒常的に、議会の解散と早期国会議員選挙という脅威の下に置いた。

国のトップにおけるこれらの止まない政治危機と抗争は、ウクライナ国家機関の機能を麻痺させ、それによって諸改革の実施が阻まれた。例として、政治権力の司法制度への介入が司法官の独立を脅かし続けたことを指摘したい。汚職との戦いは徹底的なものではなく、そのことが次のような状況の悪化となって現れた。トランスペアレンシー・インター

McFaul (éd.), *Revolution in Orange : The Origins of Ukraine's Democratic Breakthrough*, Washington D.C., Carnegie Endowment for International Peace, 2006.

ナショナルの腐敗認識指数において、ウクライナは二〇〇五年には（一五八ヵ国中）一〇七位、二〇〇八年には（一八〇ヵ国中）一三四位だったが、二〇〇九年には（一八〇ヵ国中）一四六位に後退した。

経済、エネルギー、そしてガス輸送インフラの近代化に関する諸政策も同様に、なかなか実現しなかった。経済分野ではすべてがマイナスという結果ではなかった。たとえば、ウクライナは二〇〇〇年から二〇〇七年まで平均年間成長率を七パーセント以上に維持し、二〇〇八年には世界貿易機関（ＷＴＯ）への加盟プロセスを完了することができた。しかし二〇〇八年の金融危機以前から、経済協力開発機構（ＯＥＣＤ）の専門家たちが、国家経済を改革して経済成長の勢いを維持するために、エネルギー政策をただちに実施するようウクライナ当局を促していた。だが、国内政治の不安定さがこの分野での一貫した戦略の立案を阻み、それによって二〇〇八年の危機による影響が増大した。景気への影響は非常に大きく、二〇〇九年にはＧＤＰが一五パーセント、輸出が二五パーセント、輸入が四〇パーセント近く落ち込んだ(26)。

ヤヌコーヴィチ大統領下（二〇一〇～二〇一三年〔任期は二〇一四年二月まで〕）でウクライナ・

EU関係の必然的な悪化をもたらしたのは、この国で見られた民主主義の後退である。この新政権によって最初に下された諸決定は、法治国家の強化に向かわなかった。これらの決定のなかには現行の法律と矛盾するものさえあった。二〇一〇年三月の党の連合形成に関する規則の修正が特にそのようなもので、この修正によってヴィクトル・ヤヌコーヴィチは国会で過半数を得ていなかったにもかかわらず新内閣をわずか数日で発足させることができた(27)。

それから数カ月後の二〇一〇年十月、「オレンジ革命」の時期の二〇〇四年十二月に採択され、大統領の権限を弱くして国会の権限を強くした憲法改革を無効とすることに、彼は成功した。こうしてウクライナは強力な大統領制を取り戻した。野党議員にとってこの決定は民主主義の後退、さらには体制の権威主義的逸脱の表れだった。これらの懸念は当

(26) Voir A. de Tinguy, E. Armandon, « Ukraine : la présidence Ianoukovitch, retour en arrière ou nouvelle étape du processus de transition ? », art. cité.
(27) 法に反するこれらの修正の結果、下院議員は個人の資格で与党連合に加盟することが認められるようになった。それ以前は政党だけがそうすることができた。

時、報道の自由への絶えざる侵害[28]、一部の少数民族（なかでもロマとクリミア・タタール人）に対する差別、高頻度の汚職、あるいは二〇一〇年十月末の地方選挙の際に見られた機能不全によって募っていた。[29]

ウクライナとEUのパートナーシップの土台とみなされた基本的価値に反するこれらの逸脱に、野党議員たちが受けた仕打ちを加える必要がある。ヤヌコーヴィチ大統領が権力の座に就いた後、ウクライナの検察が野党議員のうち複数人（計十五名ほど）に対し、職権濫用・汚職・公金横領を理由とする多数の犯罪捜査を開始した。これらの訴追は元首相ユーリヤ・ティモシェンコのみならず、何人もの政府の元責任者、たとえば元内務大臣（ユーリー・ルツェンコ）、元経済大臣、元環境大臣、司法省の元副大臣も標的にしていた。[30] 二〇一一年五月にはEU外務・安全保障政策上級代表キャサリン・アシュトンが、EUは「これらの案件が政治的な考えに動機付けられている可能性があること」と「選択的司法の感情が芽生えるリスク」を懸念していると通告した。[31] EUの幹部たちはウクライナ当局に対し、「ティモシェンコ事件」後の内政の変化への警戒を再び呼びかけた。この元首相は二〇一一年八月に投獄され、それから二カ月後、二〇〇九年のロシアとのガス契約締結の際の職権濫用を理由として禁固七年に処せられた。[32] 欧米の政府とメディアが特に不公正な訴訟だと非難してこの野党議員の行く末に大きな注目を払ったのは、この訴訟がウクライナ政権の権威主義的逸脱を示すものであり、この国の司法独立に関して深刻な問題を提起していたからだ。この状況のなか、それにほかの野党議員たちも同じ仕打ちに耐え忍んでいたため、EU加盟国は二〇一二年に、ウクライナ政府が政治を根本から変えない

(28) Voir J.-F. Julliard, E. Vidal, *La Liberté de la presse en Ukraine. La tentation du contrôle*, rapport de mission, Reporters sans frontières, août 2010 ; T. Iwanski, « The press and freedom of speech in Ukraine ahead of parliamentary elections », *OSW Commentary*, n° 90, 24 septembre 2012.

(29) ウクライナにおける欧州近隣政策の実施の進展に関する定期レポート（二〇一一年五月二十五日発行）を参照のこと。

(30) 野党議員の一部が二〇一〇年からすでに投獄された一方、元経済大臣はウクライナから逃げてチェコ共和国に亡命申請した。ユーリー・ルツェンコは二〇一二年二月に禁固四年を宣告された。

(31) Voir « Statement by the spokesperson of EU High Representative Catherine Ashton on the case of Yulia Tymoshenko », 26 mai 2011.

(32) ユーリヤ・ティモシェンコは当時、ほかの件でも訴追されていた。一つ目の尋問は判事に対する

限り、そして民主主義的価値の尊重と法治国家の領域で大きな前進がない限り、ウクライナとのパートナーシップを深めることはできないという意見で一致した。

二〇一四年三月にペトロ・ポロシェンコが政権を獲得し、ＥＵとの連合協定が締結されたにもかかわらず（この大統領により二〇一四年十一月に調印され、二〇一七年七月にＥＵにより批准され、二〇一七年九月一日に施行された）、ウクライナ政府によってなされた諸決定は汚職を阻止することも、表現の自由への妨害を取り除くこともできなかった[33]。こうした状況はウォロディミル・ゼレンスキー大統領下でも同じだった。さまざまな努力がなされたものの、国境なき記者団による二〇二一年の「世界報道自由度ランキング」で、ウクライナは一八〇ヵ国中九七位だった。同年のトランスペアレンシー・インターナショナルの腐敗認識指数では一八〇ヵ国中一二二位だった[34]。

改革の採択と実施に見られる緩慢さと、この国の民主化に関して積み重なった遅れが、ウクライナの欧州統合プロセスを妨げるものになった。国内のこれらの足かせに国外の問題が加わる――ウクライナを加盟させようという意志がＥＵ内でも共有されていなかったのだ。

買収工作に関するもので、二〇一〇年五月に開始された。彼女は二〇〇三年にその判事らに対し、一九九〇年代に彼女がトップを務めていたガス供給会社「ウクライナ統一エネルギーシステム」内部の元協力者のうちの二人を放免してもらおうと試みたとされる。職権濫用と公的資金の悪用を理由とする二つ目の尋問は二〇一〇年十二月に開始された。今度は、二〇一〇年の大統領選直前に年金の支払いを行うために数億ドル（その金は京都議定書の枠組みにおける温室効果ガスのウクライナの排出枠を売って得ていた）を流用したこと、また、約千台の車（救急車に改造するためだったとされる）を市場価格よりも高い価格で政府に購入させたかどで彼女は起訴された。二〇一二年六月十八日、日刊紙コメルサント・ウクライナのインタビューで、レナト・クズミン副検事は、一九九六年にドネツィク空港で撃たれた下院議員イエウヘン・シチェルバンの殺人事件でユーリヤ・ティモシェンコを告訴するのに「十分な証拠」があると発言した。クズミンは、ティモシェンコがほかにも二十五件の殺人と殺人未遂に関与したかもしれないとさえ主張した。

（33）非政府機関（NGO）ヒューマン・ライツ・ウォッチによる第二十八回ワールド・レポート（二〇一八年）参照。

（34）Cf. M. Czerny, « Le 23e sommet Union européenne-Ukraine à l'heure des changements », *Questions d'Europe* (fondation Robert Schuman), n° 610, 11 octobre 2021 ; A. Daubenton, « Zelensky à mi-mandat : l'Ukraine entre guerre et modernisation », in A. de Tinguy (dir.), *Regards sur l'Eurasie. L'année politique 2021/Les Études du CERI*, n° 261-262, février 2022.

2　欧州の躊躇

ウクライナが独立以来乗り出したシステムの変革プロセスにおいて、ＥＵはこの国に伴走し支援を行ったが、加盟の展望は長期的なものすら提示しなかった。その理由は第一にＥＵ内の変化にある。一九九〇年代にはＥＵが何よりも将来的拡大という展望に夢中だったことを強調するのが重要だ。ＥＵはウクライナを支援しようと努め、この国との建設的対話を確立しようとしていたが、ＥＵの計画は、中・東欧の新たな民主主義国の統合プロセスに独占されていた。ソ連の崩壊により、ＥＵはたしかに新たな独立諸国に関わる自己利益について考えなければならなくなった。しかし、将来境界を接する国々との関係の定義についての検討は、レオニード・クチマが一九九四年に政権を獲得した時にはまだ始まっていなかった。ＥＵが協力関係を築きたいと考えたほかの旧ソ連国（ロシア、モルドバ、アルメニア、アゼルバイジャン、ジョージア、カザフスタン、キルギス、ウズベキスタン、タジキスタン）と同タイプの協定（ＰＣＡ）をウクライナが結んだのはそのためだ。つまり、当時ウクライナはＥＵが関心を向けるほどには近い存在だったが、それ以上踏み込もうとするには遠い存在だったのだ。たしかにＥＵはウクライナにかなりの財政援助を与え、一九九九年には「ウクライナに対するEUの共通戦略」を採択して特別なアプローチを構想した。しかし、一九九〇年代を通じて、そして二〇〇四年の「オレンジ革命」まで、「EUの政策は条件付き（コンディショナリティ）政策よりも奨励策だった」[35]。

将来の隣国の問題についてEUが検討するようになったのは、二〇〇四年と二〇〇七年の東方拡大の展望においてだ。この時にEUは、東方の隣国と直接つながる新たな境界を持つであろうこと、そしてEUがそれまで間接的にしか扱ってこなかった一連の問題と脅威——これらの新たな隣国での国内政治・経済の不安定さが、拡大したEUの加盟国に有害な影響を及ぼしうるという問題——にぶつかるであろうことを意識する。

この文脈において、二〇〇四年に欧州近隣政策（ENP）が実施されるようになる。EUとその東方で境界を接する国々（ウクライナ、ベラルーシ、モルドバ）との関係の強化を

（35） A. de Tinguy, « La détermination européenne de l'Ukraine », art. cité, p. 54. Voir aussi D. Lynch, « La nouvelle dimension orientale de l'Union élargie », in « Partenaires et voisins. Une PESC pour une Europe élargie », *Les Cahiers de Chaillot*, n° 64, 2003, p. 35-61.

目的として当初考案されたこの政策は、結局のところ、拡大したEUの新旧の隣国すべてを対象とするようになった[36]。その目的は、EUが協力を基盤とした緊密な関係を築くことはできるが、だからといってEU加盟への道を開くことはない隣国の、繁栄・安定・安全を高めることだった。二〇〇九年に開始された東方パートナーシップに関しても事情は同じである。南方と東方の周辺地域（すべての国がENPに含まれる）を他国と区別するために導入されたこのパートナーシップの目的もまた、EU拡大の提案ではなく、連合協定の調印と自由貿易地域の創出を通じて東方の隣国をEUの地理経済圏に組み込むことだ[37]。

結局のところ、EUが二〇〇〇年代初め以降に東方の隣国に対して実施した政策は、新規加盟国を組み入れる能力には限界があるという総括に基づいていた。しかし、この立場がEU内で一致していたものではないことを指摘したい。この立場は主としてEU十五カ国〔一九九五年の第四次拡大までの加盟国〕によって表明された留保を反映したものだ。二〇〇四年と二〇〇七年に加盟した国々の大部分は、彼らの東隣に位置する国々の欧州統合への意欲を毅然として支持していた。特にポーランドがそうで、この国は一九九〇年代初め以降、ウクライナの欧州・大西洋統合への願いを熱烈に擁護していた[38]。いずれにせよ、ウクライナが加盟の展望を提示されなかったのは、拡大についてEU内で感じられていたある種の「疲れ」のいわば犠牲になったからだ。

ウクライナの慢性的な不安定さと、守られることのない改革の約束もまた、国際社会において、そして特に欧州においてこの国のイメージに悪影響を及ぼした。多くのEU加盟国はウクライナとその指導者らに対し、ついにある種の嫌気を感じるようになった。ヴィクトル・ユシチェンコの任期の終わり頃がそうだった。当時、いくつかの国が「オレンジ

(36) ENPは計十六カ国――ロシアを除く旧ソ連の国々(アルメニア、アゼルバイジャン、ベラルーシ、ジョージア、モルドバ、ウクライナ)と地中海沿岸の十のEUパートナー国(アルジェリア、エジプト、イスラエル、ヨルダン、レバノン、リビア、モロッコ、パレスチナ自治政府、シリア、チュニジア)――を対象とする。
(37) 東方パートナーシップは旧ソ連の六カ国(アルメニア、アゼルバイジャン、ベラルーシ、ジョージア、モルドバ、ウクライナ)を対象とする。
(38) K. Wolczuk, R. Wolczuk, *Poland and Ukraine : A Strategic Partnership in a Changing Europe?*, Londres, Royal Institute of International Affairs / Wantage, University Presses Marketing, 2002; J.-Y. Potel, «La politique orientale polonaise», *Pouvoirs*, n° 3 (118), 2006, p. 113-123.

革命」の指導者が露呈した「責任感の欠如[39]」をためらいなく強調した。国内の対立を克服できないこと、そこから生じた政治危機、複数の分野における改革の欠如、ロシアとのガス紛争による悪影響のいずれもが、EU加盟国のほとんどがウクライナを「不安定な経済の輸出国、そして安全保障の観点での脅威[40]」と感じるようになった要因である。ウクライナの最大の外部支持者たちも含め、その失望感は大きかった。ポーランドでは二〇〇八年秋、ラドスワフ・シコルスキ外務大臣は「オレンジ革命の考案者たちの潜在力と彼らが西側諸国で享受していた精神的権威は、残念ながらすっかり駄目になってしまった[41]」と指摘するのみだった。

EU加盟国内で新たな拡大の問題についてコンセンサスがないこと、そしてウクライナの欧州パートナー諸国がこの国に対して感じるようになった「疲れ」のほかに、EUがウクライナに加盟の展望を提示しなかった理由は、もう一つの要因によって理解できる。この要因は、EUがロシアと保とうとした関係に関連している。このテーマもまたEU加盟国を分裂させた。フランス・ドイツ・イタリアといった初期加盟国は、なかでも安全保障やエネルギー調達といった問題のために、ロシアとの関係強化を重視した。それゆえ、これらの国はウクライナ――後に見るように、ロシアはこの国を当然の勢力圏のように考えていた――にそれ以上踏み込まず、ロシアと衝突しないようたびたび気を配った。ＥＵの新規加盟国のほうは、ウクライナとＥＵの関係が、ロシアとＥＵのパートナーシップに支配されてはならないと考えた。これらの国によれば、ウクライナに加盟の展望を提示することで、彼らが自国の安全保障への潜在的脅威とみなし続けるロシアの「帝国的野望」を阻止できるとのことだった。[42]

---

(39) G. César, S. Sutour, « Rapport d'information au nom de la Commission des affaires européennes du Sénat français sur les relations entre l'Union européenne et l'Ukraine », n° 448, mai 2010, p. 10.

(40) A. Wilson, « Dealing with Yanukovych's Ukraine », in *European Council on Foreign Relations Policy Memo*, n° 20, mars 2010, p. 4.

(41) *Zerkalo Nedeli*, n° 36, 27 septembre-3 octobre 2008.

(42) Voir J. Rupnik (dir.), *Les Banlieues de l'Europe. Les politiques de voisinage de l'Union européenne*, *op.cit.*, p. 9-40 ; P. Hassner, « UE/Russie : un jeu sans règles », mai 2009, en ligne : www.boulevard-exterieur.com/UE-Russie-un-jeu-sans-regles.html.

ウクライナとのパートナーシップに課される究極目的についてのＥＵ加盟国間の相違は、ウクライナ社会にＥＵのイメージダウンをもたらす可能性があった。しかし、そうはならなかった。ウクライナの欧州統合プロセスに見られる緩慢ぶりは、ウクライナ国民がＥＵに向ける視線に重大な影響を及ぼさなかった。

Ⅲ　ウクライナ国民から見た欧州

ウクライナ国内外のさまざまな機関が二〇〇五年以降に行った世論調査と社会学的調査の結果を見ることで、ウクライナ社会における欧州との関係の変化について考えることができる。これらの結果はウクライナ国民がＥＵに対して長年抱いてきたプラスのイメージを示しているが、地域間および世代間の分裂が存続していることも明らかにした。

1　ＥＵに対するプラスのイメージ

ウクライナ国民はＥＵに対して全体的に好意的なイメージを抱いている。二〇〇九年春に実施された調査（「あなたにとってＥＵとは何ですか?」という問い）の結果によれば、回答者の大半が複数の選択肢から肯定的な見方を示す回答を選んだ。多くの人にとってＥＵは「経済的成功モデル」、「世界で影響力のある主たる中心組織の一つ」、「国家間の対立がない国々の連合」などだ[43]。

もう一つの調査も同様の結果だった。彼らから見てＥＵを最も良く表す特徴を選ぶよう促された回答者の七二パーセントが「経済的繁栄」を、六二パーセントが「人権」を、五五パーセントが「民主主義」を、五一パーセントが「平和と安全」を選択した。さらに、多くの回答者がＥＵはウクライナ国内の変化にプラスの影響を与えている――ＥＵ

(43) キーウにある調査機関 Research & Branding Group が二〇〇九年四月二十五日から五月五日までウクライナ全国で二〇七九人に対して実施した調査「ウクライナ人から見た近い外国と遠い外国」より。

はウクライナの民主主義の進展に貢献している（七〇パーセント）、安定に貢献している（五七パーセント）――と答えた。[44] ヴィクトル・ヤヌコーヴィチが政権を獲得した数カ月後に生じたウクライナとEUの関係悪化も、ウクライナ国内におけるEUに対するイメージに重大な影響を及ぼさなかった。ピュー・リサーチセンターが実施した調査の結果によると、回答者の六四パーセント（二〇一一年春）そして六三パーセント（二〇一二年春）が、EUに対して全体的に好意的な意見を持っていた。[45] EU加盟国が近年襲われたユーロ危機もウクライナ国民の認識に悪影響を及ぼす可能性があったものの、明らかにそうはならなかった。というのも、二〇一二年秋の調査において、ウクライナ人の大半が、EUはウクライナの重要なパートナーである（六〇パーセント）、EUは地域の平和と安定にプラスの影響を及ぼしている（五七パーセント）、EUはウクライナの経済発展に貢献する可能性がある（七六パーセント）と回答したからだ。[46]

しかし、ウクライナ国民の大半がEUに対してプラスのイメージを抱いているからといって、彼らのうちの多くが、EUそしてEUとウクライナの関係について十分に情報を得ているとは限らない。二〇一〇年において、EUの加盟国数を正確に示すことができたのは回答者のうちたったの一二パーセント、ユニセフがEUの公式機関ではないことを見分けられたのはわずか一七パーセントだった。[47] 二〇一三年四月には回答者の七八パーセントがEUのどの国も訪れたことがないと答えた。[48] 二〇一一年十二月には国民のまだ約四〇パーセントが政府がEUと連合協定について交渉しているのを知らず、[49] 二〇一三年四月、

（44）EUが費用を負担し、二〇〇九年十二月九日から二十九日にかけてキーウ、ドニプロ、オデーサ、リヴィウで四百人に対して実施された調査。Voir « Opinion polling and research in the ENPI countries and territories », *Country Report on the Opinion Poll 1*, Ukraine, 17 mars 2010.

（45）Pew Research Center, « Despite concerns about governance, Ukrainians want to remain one country », mai 2014.

（46）*EU Neighbourhood Barometer : Ukraine Autumn 2012*. その二年後に実施された同様の調査でも比較的同じ結果が示された。cf. *EU Neighbourhood Barometer : Ukraine Autumn 2014*.

（47）« Opinion polling and research in the ENPI countries and territories », art. cité.

（48）« Ukraine's European integration : Internal factors and external influences », *National Defence and Security*, Centre Razoumkov, n° 4-5 (141-142), 2013.

（49）Voir « Ukrainians opt for EU membership, in particular the youth », communiqué de presse de Democratic Initiatives Foundation, 14 avril 2012.

すなわち抗議運動「ユーロマイダン」のたった数カ月前に回答した人の五四・七パーセントがこの協定の中身を知らず、彼らのうちの四三・五パーセントがEUに関して概して十分な情報を与えられていないと回答した[50]。

EUがウクライナ国民からプラスのイメージを持たれたからといって、彼らがウクライナ・EU関係の状態に満足しているとも限らない。ラズムコフ経済政治研究センターが二〇一二年四月に実施した調査の回答者の五六パーセントがその関係を「不安定」とみなした一方で、「良好」と考えたのはたったの九・五パーセントだった。ウクライナとEUの間の協力の度合いはもっと強くなるべき、との回答が多かった。ヴィクトル・ヤヌコーヴィチによる政権獲得後の数年間でも、EU加盟国との関係発展がウクライナの外交政策に関する主な関心事であってほしいと望む国民の割合は増加し続けた。その割合は二〇〇九年の約二三パーセントから二〇一一年十月には三八パーセント、それから二〇一二年十一月には四〇パーセントに上昇した。

もう一つの別の重要な変化がヴィクトル・ヤヌコーヴィチの大統領任期中に生じた。ウクライナ国民によると、その変化はウクライナの欧州統合を妨げる諸要素に関係する。主

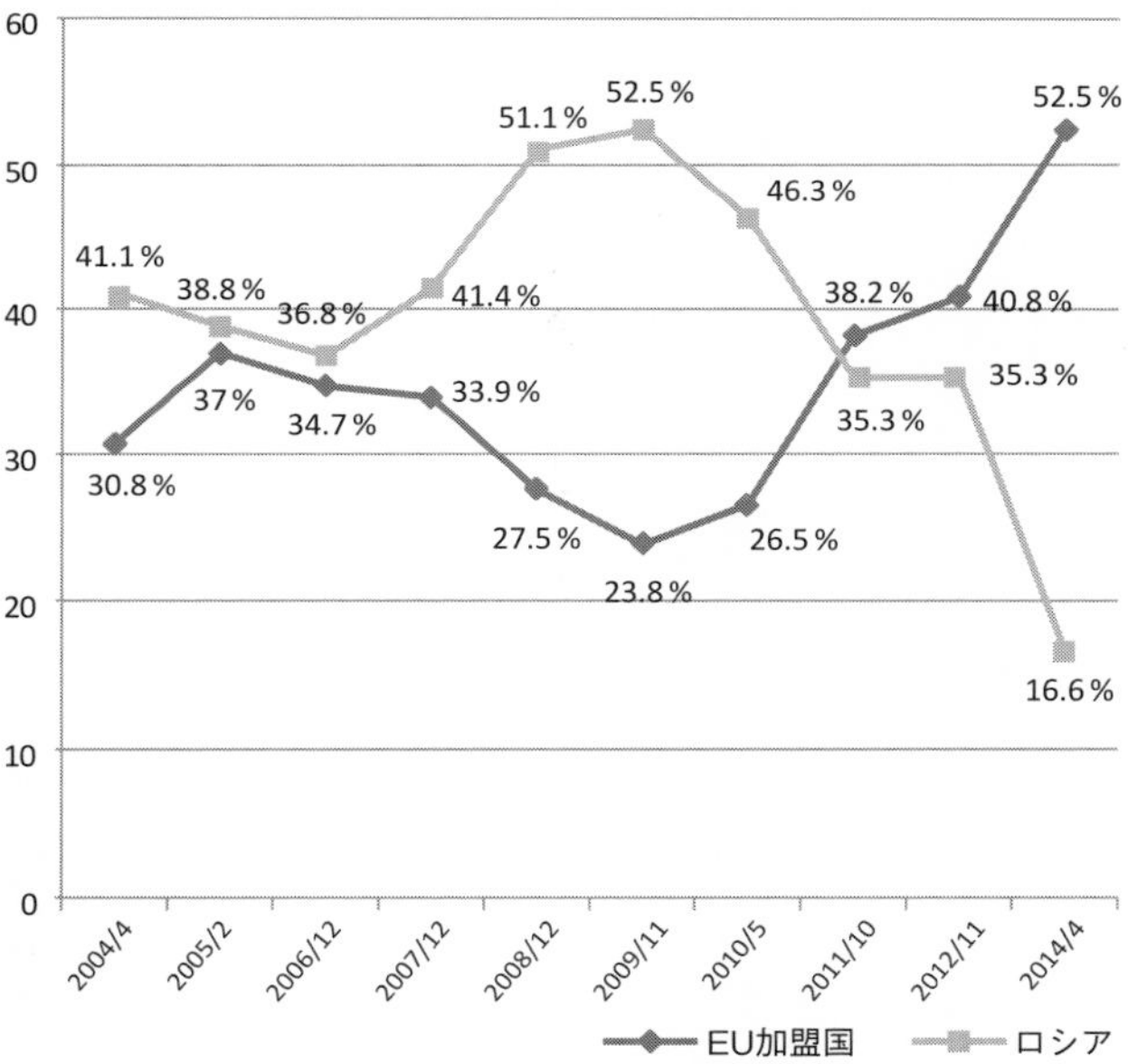

図２　ウクライナの外交政策で優先すべき相手
EU 加盟国またはロシアとの関係の発展を支持する国民の割合
（ラズムコフセンター）

たる問題は経済的性質のもの（自国の低い経済発展レベル、改革の遅さ、汚職など）だとウクライナ人の多くが考え続けていたが、民主主義の弱さや人権尊重の問題、政治的問題も同じぐらい重要な問題だと考える人が徐々に増加した[51]。しかしながら、ウクライナがEUとの連合協定に調印するにはいくつかの条件を満たさなければならないことを国民は意識していたものの、この目的を達するために必要な改革を政府当局が実施できると考えた人は、二〇一二年末において彼らのうちの二三・三パーセントしかいなかったことを指摘したい[52]。この点については、当時の政権がリードした欧州統合政策に対して国民の大多数が非常に批判的だったことを強調するのが重要だ。たとえば、二〇一二年四月の調査の回答者の大半が、現行政策について効果的でない（七一・四パーセント）、一貫していない（六六・三パーセント）と考えていた[53]。なかでもヤヌコーヴィチ大統領の解任に至った二〇一三年から二〇一四年にかけての冬の危機の前兆をそこに見るべきだったのか？いずれにせよ、世論調査の結果はウクライナ社会における欧州問題の根深さを物語っている。

2　ＥＵ加盟は全ウクライナ人の共通目標か？

欧州統合計画への支持率の変化をじっくり見ると、二〇〇四年から二〇一三年まではウクライナ国民の世論が比較的安定していたことが分かる。この時期に国民投票が実施されていたら、国民の四七〜五〇パーセントがウクライナのＥＵ加盟に賛意を表明したであろう。二〇一三年から二〇一四年のユーロマイダン運動後に行われた世論調査の結果では、ＥＵ加盟計画への支持が高まったことが示されている。たとえばその一つの二〇一五年十二月に実施された調査によれば、回答者の五二・七パーセントがウクライナのＥＵ

---

(50) «Ukraine's European integration : Internal factors and external influences», art. cité.

(51) Voir Democratic Initiatives Foundation, «Ukrainians opt for EU membership, in particular the youth», art. cité ; «EU-Ukraine-Russia relations : Problems and prospects», *National Defence and Security*, Centre Razoumkov, n° 4-5 (133-134), 2012.

(52) «European Union or customs union : Which vector do the people choose?», communiqué de presse de Democratic Initiatives Foundation et The Razumkov Economic & Political Studies Center, 10 janvier 2013.

(53) Voir «EU-Ukraine-Russia relations : Problems and prospects», art. cité.

加盟を望んでいた。[54] 二〇二一年十一月には、ラズムコフセンターの調査の回答者のうち六九・一パーセントが、もしこの点について国民投票が実施されるならばＥＵ加盟に賛成票を投じると回答した。[55]

しかし、以前のように地域的な分裂が存続したことを指摘したい。ＥＵ加盟計画はウクライナ西部および中部地域の住民の大半から長年支持されてきた（二〇一五年には西部で七八パーセントと中部で五八パーセント、二〇二〇年には八〇パーセントと五八パーセント）一方で、南部および東部に住む人びとはこの問題に対してより慎重な姿勢を示してきた（二〇一五年には南部で四一パーセントと東部で二九パーセント、二〇二〇年には三三パーセントと三九パーセント）。この点について、ウクライナ社会の欧州との関係を特徴づける地域的亀裂を理解するには、ウクライナ国家が一九九一年以前には独立国として現在の国境線で存在したことがないということを改めておさえておくのが重要である。ウクライナの現在の領土範囲がその最終的な形を成したのは、クリミアがロシアからウクライナに譲渡された年である一九五四年にすぎない。したがって二十世紀半ば以降にこの国の一部を成すようになったポストソビエト時代のウクライナを構成する諸地域には、それぞれ異なる過去・住民・言語的特徴・文化的基準が存在する。ドミニク・アレルが強調するように、第二次世界大戦の時にようやくウクライナ共和国に統合されたこの国の西部地域は、「近代においてロシア帝国あるいはソビエト連邦とは別の政治圏に属していたという共通点を持つ。たとえば、ヴォルィーニ（ポーランド分割以前と第一次世界大戦後）とガリツィアはポーランド圏、ブコヴィナはオーストリア圏とルーマニア圏、ザカルパッチャはハンガリー圏とチェコスロバキア圏といったように」。西部地域にはそうして、またこの国のほかの地域とは違って「ソビエト体制の五十年を生き延びた独自の政治文化」がある(56)。

（54）« Which direction of foreign policy should Ukraine take : European Union, customs union (December 2015) », 二〇一五年十二月四日から十四日にかけて、ウクライナ全土で二〇二二人に対してキーウ国際社会学研究所が実施した調査。

（55）Voir le rapport annuel du Centre Razoumkov, « Ukraine 2021-2022 : Modest results, immense challenges » : https://razumkov.org.ua/en/edition/annual-analytical-results-and- forecasts.

（56）Voir D. Arel, « La face cachée de la Révolution orange. L'Ukraine et le déni de son problème régional », *Revue d'études comparatives Est-Ouest*, vol. 37, nº 4, décembre 2006, p. 19, et

それゆえ、ウクライナ西部の州の住民がそれ以外の地域の住民よりも欧州のパートナー国に対して好意的なイメージを抱いていること、それらの国により親近感を覚えていること、そしてそれらの国との関係発展やEU加盟により明確に賛意を示していることは驚くに当たらないように思われる。これらの西部の地域が少し前にEUに加盟した諸国と共通の境界を有していること、それらの国と非常に古くから関係を有していることもまた西部の住民のそうした姿勢につながっている。

年齢区分による社会学的調査の結果を詳細に分析すれば、ウクライナでは歴史が世界の認識に及ぼす影響が大きいことも明白である。これらの結果が特に明らかにするのは、若者、すなわちソビエト時代を（ほぼ）経験していないことで公式プロパガンダが広めたイメージによる影響をあまり受けていない国民の一部が、ウクライナの国際パートナーや外交政策に関する自国の最優先課題について年長者とは異なる見方を時にはしているということだ。こうして二〇〇〇年代初め以降、十八歳から二十九歳の大半がウクライナはEUに加盟すべきと考える傾向にある（二〇一五年九月には五五・九パーセント、二〇二一年三月には七五パーセント）一方で、五十歳以上は、たとえこうした見方に多くが反対を表明しなくとも、EU加盟により後ろ向きであることが見て取れる[57]。

　ＥＵへの統合という目標は、ウクライナに存続する地域間および世代間の分裂を緩和しうる計画のようには未だ思えない。これらの分裂はウクライナ社会のロシアとの関係にも現れている。この関係には、両国間の歴史とその歴史を特徴づける熾烈な緊張関係の影響が強く見られる。

S. Birch, « Interpreting the regional effect in Ukrainian politics », *Europe-Asia Studies*, vol. 52, n° 6, septembre 2000, p. 1017-1041.

(57) Voir « Prospects of Ukrainian-Russian relations », *National Defence and Security*, Centre Razoumkov, n° 8-9, 2015. Cf. les résultats de l'enquête menée en mars 2021 par le Centre Razoumkov : https://razumkov.org.ua/napriamky/sotsiologichni-doslidzhennia/stavlennia-gromadian-do-vstupu-ukrainy-do-yevropeiskogo-soiuzu-berezen-2021r.

第二章　ウクライナとロシアの関係

一九九一年以降、ウクライナには欧州圏への統合のほかに外交政策に関して、もう一つ別の目標があった。それは、ロシアと特別な関係を維持しながらも、この国との間に距離を置くことだった。

この仕事は容易ではなかった。一つの理由として、ロシアの支配から脱しようとする意欲が、ロシア政府の望む方向とは違っていたからだ――この意欲は両国間に熾烈な緊張状態を生み出した。もう一つの理由として、特に経済的な観点で、ウクライナがロシアに大きく依存し続けていたからだ。少数派のロシア系住民がウクライナの東部と南部に多く暮らしていたこともまた、この国とロシアの関係に影響を及ぼした。

I　一九九一年以降の慢性化した緊張状態

一九九一年以降、ウクライナの独立はロシアにとって受け入れがたい現実だった。ロシアはかつての帝国のなかで最も貴重なもの〔ウクライナ〕を諦めることができず、クリミアの問題もまた非常にデリケートなテーマだった。ウクライナの外交政策の方針も同様に、両国間に大きな緊張状態を生み出した。

1　ロシアが容認できないウクライナの独立

ロシアではウクライナの独立は、驚愕・無理解・反感を生み出す出来事だった。その最大の理由は、多くのロシア人（政界および国民）にとって、ウクライナ人は正式な国民ではなくロシア国民の構成要素、すなわち「彼らが千年を超える歴史を共有する、一つの同じ集団単位の地域的バリエーション[1]」を成すからだ。多くのロシア人にとって、ウクライナ語は正確には言語ではなく地域的方言であり、ウクライナの領土についてはその大部分が数世紀の間ロシアの構成要素だった。

ウクライナはロシア国家発祥の地、キーウは「ロシアのすべての都市の母」のように思われている。ロシアは一九九一年十二月にウクライナの独立を公式に認めたものの、ウクライナがロシアから分離されうることは、多くの政治家と知識人にとって想像しがたいことだった。というのも、ウクライナ国家は人工的な創作物であり、その独立は歴史的な間違いだとみなされたからだ。

なかでもそう考えたのはアレクサンドル・ソルジェニーツィンだ。彼は一九九〇年に出版したその著作『甦れ、わがロシアよ――私なりの改革への提言』〔木村浩訳、NHK出版〕のなかで、ロシアが数年後どうなっているかを考えていた。彼は当時、ウクライナがロシアの一部にならないなど、ただの一瞬も思わなかった。彼によれば、ロシア人とウクライナ人を分けることは「異常」だった。彼から見れば、ロシアと呼ばなければならないものはロシア・ソビエト共和国の国境線ではなく、古い時代に「ルーシ」という言葉で示されていた領土、すなわち「小ロシア人（ウクライナ人）と大ロシア人と白ロシア人」が暮らしていた領土と合致している。(2)

ソ連崩壊直後には多くの人が彼の見方を共有した。まずは思想家アレクサンドル・ツィプコで、彼によれば、ウクライナが存在しなければ「古代において、そして本当の意味でロシアは存在しないし、存在しえない[3]」。週刊誌モスコフスキー・ノーボスチの編集長レン・カルピンスキーを信じるならば、この考えはロシア社会で広く普及している。「ウクライナが存在しなければ、大ロシアだけでなく、ただのロシアについても語ることができないということを数百万人のロシア人が確信している[4]」。

ウクライナ独立は「裏切り」のようにも捉えられた。ロシア科学アカデミーのヴィクトル・クレメニュクによれば、一六五四年のウクライナは「人口過疎の小地帯」でしかな

（1）Y. Breault, P. Jolicœur, J. Levesque, *La Russie et son ex-empire. Reconfiguration géopolitique de l'espace postsoviétique*, Paris, Presses de Sciences Po, 2003, p. 106.
（2）A. Soljénitsyne, *Comment réaménager notre Russie ?*, trad. G. et J. Johannet, Paris, Fayard, 1990, p. 13 et p. 22.
（3）*Komsomol'skaâ Pravda*, 14 janvier 1992.
（4）*Moskovskie Novosti*, 22 décembre 1991.

く、この国の人口が増加し、その領土が今や西はカルパチア山脈、東はドン川、北はベラルーシ、南は黒海まで広がっているのは、とりわけ「ロシア人による努力」[5]のおかげだった。そういうわけで、ウクライナが外国になりうるという考えをロシア人の多くが受け入れられないのだ。

ソ連崩壊直後には、多くのロシアの政治指導者も「独立したウクライナ」という考えを受け入れる用意ができていないようだった。なかでもそうだったのがアレクサンドル・ルツコイ副大統領だ。一九九二年に彼は、ウクライナ当局が「常識に反する」決定をいくつも下したと考えた。「共和国の東の行政上の境界を、そのすべての特性を備えた国境に変える」彼らの意欲がそうした決定のうちの一つだった。[6]コンスタンチン・ザトゥーリン下院議員に関しては、「歴史的に存在しない国家の、歴史的に存在しない国境」[7]を認める必要性が見えなかった。一部の政治家が彼の考えを妥当とみなしたのは、彼らにはウクライナの独立は長続きしないと思えたからだ。ロシアの駐キーウ大使だったレオニード・スモリアコフの言うところによれば、独立したウクライナ国の存在は一年半以上続かないであろう「一時的現象」だった。一部のロシア外交官は、ウクライナに大使館を設置するよう

な時間の無駄をしないよう他国の外交官に勧めさえしたとのことだ[8]。

その後、ウクライナの独立によってもたらされた動揺を、ボリス・エリツィン自身が認めた。「我々の心の奥底から湧き上がる感情を捨てることなどできない。というのもウクライナ人は我々の家族であり、我々は運命を共にしているからだ」と彼は一九九七年十一月に発言している。エリツィンは自身の著作『ボリス・エリツィン最後の証言』の最終巻でこの言葉を繰り返し、次のように書いている。「ロシア人にとってウクライナ人はベラルーシ人と同様に兄弟である。言語、風習、生活様式などあらゆる点で大いなる類似性がある。キエフは古代ロシアの中心地、ウクライナは我々の国民アイデンティティと我々の

（5）V.A. Kremenyuk, *Conflicts in and Around Russia : Nation-Building in Difficult Times*, Wesport (Connecticut), Greenwood, 1994, p. 115-116.
（6）*Rossijskaâ Gazeta*, 20 mai 1992.
（7）*Nezavisimaâ Gazeta*, 5 mai 1994 et 25 mars 1995.
（8）*Financial Times*, 17 mars et 7 mai 1993.

歴史の発祥地ではなかったか？　ウクライナのないロシアを想像することなど不可能である。どちらか一方が欠けても存続できるといつまで見せかけるのだろうか？」(9)

一九九〇年代を通じて、ロシアはウクライナを正式なパートナー国とみなすことが非常に困難だった。ロシアの最高位の政治指導者らが近年行った発言で判断すると、ウクライナの独立によって生じた傷跡は時を経ても塞がらなかった。ウクライナ民族とロシア民族の間には同族性が認められる、それゆえ運命を共にしているという考えは依然として広く普及している。たとえば、ロシアの駐キーウ大使だったミハイル・ズラボフが二〇一〇年に行った発言がそのことを証明している。彼によれば、ロシア人とウクライナ人は「単なる兄弟民族ではなく、ただ一つの民族である。それぞれの微妙な違いと特徴はあるが、ただ一つの民族なのだ」。

ウラジーミル・プーチン大統領もまた二〇一三年七月にキーウを公式訪問した際に、ロシア民族とウクライナ民族はたしかに今では分離された二つの国で暮らしているが、共通の歴史を有している、そして共通の未来を分かち合わなければならない、と述べた。二〇一四年三月十八日のクリミアのロシア連邦への併合に関する演説も同様の趣旨だっ

た。彼は一九九〇年代の出来事に触れて、「ウクライナとロシアが切り離されうること、そうして異なる二つの国になることなど想像できなかった（……）。我々は親しい隣国であるだけなく、ただ一つの同じ民族なのだ。（……）どちらか一方が欠けると存続できない」[10]と発言した。ウラジーミル・プーチンはこうした言葉を二〇二一年七月の「ロシア人とウクライナ人の歴史的一体性について」と題する論文でも繰り返し、彼から見てウクライナとロシアの再統一を正当化する理由をそこで展開している。[11]プーチンの話は、ウクライナとの関係を今も変わらず重視しているロシア人の多くと一致しているようだ。

（9）B. Eltsine, *Mémoires*, trad. R. Macia, Paris, Flammarion, 2000, p. 363-364.〔ボリス・エリツィン『ボリス・エリツィン最後の証言』網屋慎哉、桃井健司訳、NCコミュニケーションズ、二〇〇四年〕

（10）ウラジーミル・プーチンの演説は、ロシア連邦政府のインターネットサイトでロシア語と英語で観ることができる。http:// kremlin.ru.

（11）二〇二一年七月十六日のこの論文は、在仏ロシア連邦大使館のサイト上でフランス語で読むことができる。https://france.mid.ru/fr/presse/russes_ukrainiens.

二〇一四年にレヴァダセンターが実施した世論調査の結果では、回答者の五六パーセントがウクライナを今もなお外国と考えず、四二パーセントがロシア人とウクライナ人はただ一つの同じ民族とみなしていた。[12]
多くのロシア人にとってウクライナの独立は受け入れがたい現実のままだが、クリミアに関しても同様だった。その喪失はまさに「切断」とみなされた。

2 クリミア、セバストポリ、黒海艦隊

ソ連が崩壊した時、クリミアは人口の大半をロシア民族が占めるウクライナで唯一の地域だった。一九八九年のソ連の最後の調査では、クリミアの全人口の六五・六パーセントを彼らが占めていた一方、ウクライナ人は二六・七パーセントだった。[13]
一九五四年にウクライナに併合されたクリミアは、ウクライナ領土に最も遅く加えられた地域だ。[14] 公的なレベルでは、クリミアのウクライナ共和国への移譲を正当化するために、二つの主たる論拠が持ち出された――この半島がウクライナの地理的延長にあること、そして経済的な観点でこの国と密接に結び付いていたことだ。当局もまた、ペレヤス

ラウでのロシア・ウクライナ同盟締結（一六五四年）三百周年を祝う折に、一九五四年に開催された公式行事の頂点を画すためのポーズのように、この決定を紹介した。この時代、ソ連の諸共和国を分け隔てていた境界は行政的なものでしかなかったため、クリミアがロシアかウクライナどちらの管轄下にあるのかは、この状況では重要ではなかった。他方、ソ連が崩壊してロシアとウクライナが分離した際に、これらの行政的な境界が国際的な境界になると、一九五四年のクリミア移譲はまったく別の意味を帯びるようになった。それは大きな地域的緊張とウクライナ・ロシア両政府間の深刻な外交危機を引き起こした。(15)

（12）レヴァダセンターのインターネットサイトでこれらの結果を見ることができる。www.levada.ru.

（13）ウクライナが最後に調査を実施した二〇〇一年には、ロシア系住民がクリミアの人口の五八・五パーセントを占めていた。

（14）一九五四年以前には、クリミアは行政的そして司法的観点からロシア共和国の一部だった。

（15）クリミアの問題については E. Armandon, *La Crimée entre Russie et Ukraine. Un conflit qui n'a pas eu lieu*, Bruxelles, De Boeck et Bruylant, 2013. 参照。

ウクライナが独立への道に踏み出す一九八〇年代末からすでに、クリミア住民の大半は差別の被害に遭うことを恐れていた。一九八九年、ウクライナ語を唯一の国家言語にするという政府の決定が否定的な反応を引き起こす。その大半がロシア語話者だったクリミアの住民は、ウクライナ語の発展を促進しようとする努力は強制的なウクライナ化の企てであり、そして自分たちに対する最初の差別的措置であるとただちにみなした。

ソ連の崩壊は彼らの不安を増大させた。この出来事がクリミアで非常に悪く受け取られたのは、クリミアのロシア系住民（および新たな独立国家の領土で暮らす全ロシア系住民）の地位に突然の変化を引き起こしたからだ。つまり、かつて帝国内で「特権を有する少数派」だった人びとは、外国領土における「普通の少数派」となった[16]。下級の人間のようになった、またそう見られているといった感覚を当時多くの人が抱いた。

クリミアのロシア系住民が今や独立したウクライナにおいて我が身を案じたのは、第二次世界大戦中にスターリンによって強制移送された諸民族が帰還した後に生じた、民族間の緊張のためでもある[17]。クリミアのタタール人の大量帰還がさまざまな不安を呼び起こしたのだ[18]。クリミアのロシア系住民は特に、復讐心を抱いたタタール人が報復にやって来るのではないかと恐れた。タタール人は自分の財産（特に、祖先が住んでいたもののソ連当局に没収され、強制移送直後に地元民に分け与えられた家）を取り返すためには何でもする、暴力すら使うだろうという考えが、当時は広く普及していた。タタール人の帰還によって生み出された敵意は、当時の社会経済的な状況によっても説明できる――当時の状況は彼らの帰還に適しておらず、また、クリミア住民の大部分にとってクリミアを当時襲った深刻な経済危機は、強制移送された人びとの帰還のせいでもあった。再びそこに定住するためにクリミアのタタール人に与えられた経済援助、なかでもウクライナが彼らに与えた経

（16）Voir D. Laitin, *Identity in Formation : The Russian-Speaking Populations in the Near Abroad*, Ithaca, Cornell University Press, 1998.

（17）計三〇万人以上の人びと（クリミアのタタール人、アルメニア人、ギリシア人、ブルガリア人）が敵のナチスに民族ぐるみで協力したと非難され、第二次世界大戦中にクリミアから強制移送された。

（18）クリミアのタタール人は一九八九年にはこの半島の全人口のたった一・六パーセントだったが、二〇〇一年の調査では一二・一パーセントである二四万三四〇〇人を数えた。

済援助の問題もまた別の不満の点だった。この援助は住民の大部分から不公平、そして一種のえこひいきのように受け取られた。

一九九〇年代前半にはこれらのさまざまな要因が組み合わさって、クリミアにおける分離主義運動の出現を後押しした。住民の不安は、この半島をロシアの管轄下に戻すために活動する諸地域の政治指導者たちに利用された。ウクライナ当局はこの緊張状態を和らげようとクリミアに自治権を付与したが、一九九一年二月に下されたこの決定は期待された効果をもたらさなかった。すなわち、地域的要求に終止符を打つことなく、分離主義的感情を増大させたのだ。この感情は、クリミアのロシアへの再併合を呼びかける親露派政治勢力の主たる指導者ユーリー・メシコフが、この地域の有権者から大量の支持を得てクリミアの首長に選ばれた一九九四年に、その頂点に達した。当時キーウとシンフェロポリ〔クリミアの首都〕の間で生じた分離主義的危機は新たなウクライナ国家の領土保全にとって深刻な脅威となったため、それは武力でしか解決できないように思われた。

この紛争が当時恐れられたのは、ソ連崩壊後すぐに生じて、ポストソビエト時代最初の十年を通じて激化し続けた、ロシアとウクライナの対立のせいでもある。この対立は何よりもまずロシアの失地回復主義に起因している。ロシアの国民と政治家のなかには、クリミアがロシア帝国、それからソ連の一部を成していた過去を懐かしむ者が多くいた。一九九〇年代初めにクリミアは、それが今や外国にあるなどロシア人にはとても想像できない領土に実際に属したのだ。クリミアの喪失が悪く感じ取られたのは、それが何よりもまずロシア人の大部分にとって受け入れられないと思うこと――ロシアが自国の歴史の一面から切り離されうるということ――の表れだったからだ。クリミアは多くのロシア人から国家財産の一つの要素、「歴史的にロシアの」土地であるとみなされていた。一七八三年にエカテリーナ二世の下で勝ち取られたクリミアのおかげで、ロシアは温かい海にアクセスできるようになり、海軍強国というその地位を確立することができた。セバストポリについても同様だ。クリミア戦争（一八五三〜一八五六年）の主な舞台であり、第二次世界大戦中（一九四一〜一九四五年）は赤軍に英雄的に守られたこの町は、ロシアの愛国心の聖地である。

クリミアの喪失がロシアで非常にデリケートな問題だったのは、この地域がロシア文化のかなりの部分と結び付いているからでもある。いつの時代にもクリミアは多くの画家や作家の創作意欲を刺激した。なかでもイヴァン・アイヴァゾフスキーの海洋画や、最も有名なロシア印象派画家の一人であるコンスタンチン・コローヴィンの油絵にそれは見られる。プーシキンの詩（『バフチサライの泉』）、トルストイの小説（『セバストポリ物語』）、チェーホフの短編小説（『犬を連れた奥さん』）にもクリミアは登場する。パウストフスキーからゴーリキー、ヴォローシンからアンナ・アフマートヴァ、マリーナ・ツヴェターエワ、ブーニンまで、ロシアの偉大な作家や詩人の多くがクリミアについて書いたのだ。

クリミアは観光面でも象徴的な地域である。十九世紀にその南海岸は皇室のための保養地へと少しずつ変貌した。ロシア皇帝アレクサンドル一世、アレクサンドル二世、そしてニコライ二世がヤルタ周辺にいくつもの宮殿の建設を命じ、この町はロシアの貴族とインテリゲンチャ（知識階級）で非常ににぎわう夏のリゾート地となった。ロシア帝政派のエリートのお気に入りの滞在地だったクリミアはその後、ソ連の特権階級から非常に高く評価された。クリミアはマスツーリズムの象徴にもなった。というのも、ソ連時代全体を通して、半島の南側にあるキャンプ場や療養所に何百万人ものバカンス客を迎えたからだ。

そして最後に、クリミアの問題が動揺をかき立てたのは、この半島が人口統計上はロシアだったからでもある。ソ連崩壊の直後には、かつてのソ連の諸共和国に暮らすロシア人の境遇がロシア国民の心配事の一つだった。

一九五四年のクリミアのウクライナへの移譲と、セバストポリがこの国に属していることをドゥーマ（下院）の議員らが一九九二年と一九九三年に公然と再び問題としたときに、なぜ彼らの行為に対して好意的な反応がロシア国民の間で生まれたのか？　先に述べたすべての要因によってこの疑問が理解できる。ロシアの下院議員によるこうした領土要求は、クリミアでもウクライナでも、諸地域の独立派指導者にとって非常に明確な後押しのように感じ取られた。キーウではウクライナの政治指導者の何人もが、ロシアの国会が決定したこれらを「宣戦布告」だとためらわずに形容した。

同じ頃、セバストポリに置かれていたソ連の黒海艦隊の帰趨をめぐる係争が状況をますます複雑にし、これもまた激しい感情をかき立てた。この艦隊は「ロシアのものであったし、今もそうであるし、これからもそうである」と一九九二年一月に宣言したボリス・エリツィンにとって、ウクライナ当局が望んだ艦隊の分割は考えられないものだった。この問題を解決するための交渉は、一九九二年から一九九五年にかけて何度も行われたが、持続可能な解決にはまったく至らなかった。

地域的および国家間の緊張状態は、一九九〇年代後半になってようやく緩和する。分離主義運動の衰退によって、クリミア自治共和国とウクライナ中央当局間の権力の範囲に関する問題が解決できるようになったのだ。キーウとセバストポリを対立させた憲法上の紛争が一九九八年十月に終結する。この時、ウクライナの指導者の期待にようやく応えた憲法がクリミア議会で採択された。国際機関（ＯＳＣＥと国連）によるコミットも同様に、特にクリミアのタタール人のようなかつて強制移送されられた人びとの再定住の促進に貢献することで、地域的な民族間緊張を低下させることができた。国家間の紛争も次第に緩和されていった。

しかしながら、ボリス・エリツィンがソ連崩壊以降初めてウクライナを訪れるには、一九九七年五月まで待たなければならない。外交上の緊張を理由として、彼はこの公式訪問を一九九一年以降七回も延期したのだ。この訪問を機に、黒海艦隊の分割とセバストポリ軍港をロシアに二十年間（二〇一七年まで）貸し出すことに関する三つの大きな協定がついに調印される。また、ロシアによるウクライナの国境の承認とともに、クリミアとセバストポリにおけるウクライナの主権を再確認するロシア・ウクライナ友好協力パートナーシップ条約も調印された。

これらの協定の調印が、ウクライナとロシアの関係における重要な段階だったとしても、それによってすべての論争に終止符が打たれることはなかった。ロシアでは当時の国会の共産主義=民族主義野党からの痛烈な批判によって、ボリス・エリツィンはクリミアとセバストポリをウクライナに譲渡したことを咎められた。これらの協定は二年後の一九九九年になってようやくロシア下院で批准され、発効できるようになった。それにもかかわらず失地回復の主張は実際には止むことなく、二〇〇〇年代初め以降、ウクライナとロシアの間に深刻な外交的緊張を引き起こした。当時見出された妥協がウクライナとロシアの関係を根本的には変えうるものではなかったことを、ここ最近の出来事が示している。ソ連崩壊から二十五年が経った今〔本書初版当時〕でも、ウクライナがロシアから離れる道を行こうとすることは、ロシアには相変わらず受け入れられないのだ。

させた。

3　ウクライナの外交政策に関する方針

クリミアの喪失とウクライナの独立は、ロシアにおいて昔も今も非常にデリケートな問題だが、ウクライナの外交政策に関する方針もまた、両国の間に大きな外交的緊張を生じさせた。

先に見たように、一九九一年以降のウクライナ外交政策の主たる目標は、EUに加盟することだった。この国が独立してから、すべての指導者が共有したこの決意は、すぐにロシアとの緊張状態の源となった。たとえば、ロシア議会の国際問題委員会議長ウラジーミル・ルキンが一九九二年一月にはすでに「ウクライナ政府の主目的」を厳しく非難したことを指摘したい。当時彼は「〔その主目的は〕ロシアとの特別な関係を断つことだ（……）。我々なしで、ウクライナは東欧の例にならって西側へ向かう気である」と説明した。(19) 二十年経っても事態はほとんど変化していないようだ。ウクライナが連合協定の調印を目指してEUとの交渉を継続する一方で、ロシアは、ロシア・ベラルーシ・カザフスタンから成る関税同盟に加わるよう、ウクライナに圧力をかけ続ける。ウクライナ政府が再三拒否し、EUとの交渉を継続する意志を目の当たりにしたロシアは、その脅迫を実行に移した。

貿易上の最初の報復は二〇一三年夏に行われた。ロシア政府は品質が悪いという理由をつけて、ウクライナのロシェン・グループ[20]が製造する菓子の輸入禁止を決定した（当時「チョコレート戦争」と呼ばれた）。その後もロシアはウクライナからのほかの輸入品すべてに対して規制を強化した。二〇一三年十月にはプーチン大統領の経済問題顧問セルゲイ・グラジエフを含む何人かのロシアの政治指導者が、ロシアに行くことを希望するウクライナ国民に対してビザの導入を検討していると発表した。この出来事の結末はよく知られている。ウクライナの指導者はロシアの圧力に屈し、ヴィリニュスで開催された東方パートナーシップサミットの直前の二〇一三年十一月に、ＥＵとの連合協定の調印を断念すると発表した。

ロシアの指導者はまさにこの時、自分たちの目的を遂げたとか、ウクライナがロシアと

（19）*Komsomol'skaâ Pravda*, 22 janvier 1992.

（20）このグループのオーナーはほかでもないウクライナのペトロ・ポロシェンコ現〔二〇一六年当時の〕大統領である。

は異なる道を行くのを阻止することについに成功したとか考えることができたのだろうか？　おそらくそうだろう。しかし、ウクライナ国民の反応と、その後の数週間にこの国に広がる抗議運動の規模は考慮に入っていなかった。それ以降、ロシアはウクライナの動きとこの国を襲う深刻な危機に多大な影響力を及ぼしたが、事態の推移はロシア政府が当初望んだ方向には進まなかったようだ。ウクライナで暴力に訴えることを認可する連邦評議会（ロシア議会の上院）の可決、クリミア併合、ウクライナ東部の分離主義者に対する支援、キーウで権力の座に就く「ナショナリスト、ネオナチスト、ロシア嫌い、そして反ユダヤ主義者[21]」についての演説は、ウクライナがロシアと距離を置くのを阻止するどころか、おそらくは長く続くことになるウクライナとロシア関係の悪化をもたらした。さらに、そしてロシア政府はウクライナが欧州への接近を非常に目立った形で行うのを望んでいなかったものの、ウクライナとEUは二〇一四年三月二十一日と六月二十七日に連合協定の政治条項と経済条項に調印した。それ以降、ロシアとウクライナは互いに一連の貿易制限を課し続けている。たとえば両国による領空閉鎖、クリミアのエネルギー封鎖、ロシアによるウクライナへの石炭輸送の停止、両国による食料品の輸出禁止などだ。

ウクライナとEUのつながりの強化は、ウクライナとロシアの関係を緊張させる唯一の原因ではなかったし、それは今も変わらない。一九九〇年代初め以降、ウクライナがNATOと維持したつながりの問題もまた、深刻な外交危機の原因だった。ウクライナの指導者たちは欧州機構に接近したいという意欲のほかに、この大西洋同盟〔NATO〕と提携したいという希望を一九九〇年代初めにすでに表明していたことを知っておかなければならない。当時の政府は、ロシアとの間に距離を置くこと、そして今後は西側との関係を強めていくことを明確に示そうとしていたのだ。かくしてウクライナは、独立を得てすぐの一九九一年十二月にはすでに、NATOがかつての敵国であるワルシャワ条約機構*の加盟国とともに新たに立ち上げた対話と協力の場である北大西洋協力理事会（NACC）に加わることを決定した。それから数年後の一九九四年二月には、NATOがNATO非加盟国のために設立した相互協力の枠組みである「平和のためのパートナーシップ（PfP）」

(21) 二〇一四年三月十八日のプーチン氏の演説参照。

にＣＩＳ諸国で初めて加わった。

その後、ウクライナとＮＡＴＯの間でパートナーシップ憲章が一九九七年七月に締結され、協議のための特別な仕組みが創設されると（一九九七年にはＮＡＴＯ・ウクライナ委員会、一九九八年には防衛改革に関するＮＡＴＯ・ウクライナ共同作業部会、二〇〇二年にはＮＡＴＯ・ウクライナ行動計画）、両者の関係は強化された。ＮＡＴＯ加盟の可能性については提起されることなく、この大西洋同盟とその非加盟国間の協力はかつてないほど強まっていった。たとえば共同軍事訓練、防衛・安全保障分野の改革についての協議、ＮＡＴＯが特にバルカン半島（ボスニア・ヘルツェゴビナ、コソボ）で指揮する平和維持作戦へのウクライナの参加、軍事技術協力、科学や環境の問題に関する協力などだ。

ＮＡＴＯの東方拡大に対するウクライナの立場の変化もまた、両者のつながりの発展にプラスの影響を及ぼした。ウクライナは当初、拡大したＮＡＴＯとロシアに挟まれる中間地帯になるのを恐れて、この問題に関しては非常に慎重な態度をとっていた。しかし、ウクライナと米国の関係が強くなるにしたがって（ウクライナの領土保全に対する米国の支持、米国による多額の経済支援など）、これらの不安は少しずつ払拭されていった。一九九五年にクチマ大統領がＮＡＴＯの東方拡大を公然と支持するようになった背景にはこうしたことがあったのだ。彼はその後、ＮＡＴＯは欧州における安全保障の一つの要素であり、ＮＡＴＯがウクライナ国境に接近してもこの国にとって脅威にはならない、とためらいなく主張するようになった[22]。

ＮＡＴＯ拡大という問題が深い敵意をかき立てたロシアでは、この問題に関するウクライナの態度とこの国のＮＡＴＯとの緊密なつながりによって、非常に否定的な反応が生じる。二〇〇二年にクチマ大統領が、ウクライナはいつかＮＡＴＯのメンバーになることを望むだろうと予言した時には、ロシア人の反応はなおさら否定的だった。その後、「オレンジ革命」直後に、ユシチェンコ大統領もこのＮＡＴＯ加盟への意欲をはっきりと示す。ユシチェンコにとっては自国のＮＡＴＯ加盟こそ最優先目標だったのだ——ＮＡＴＯ

（22）L. Koutchma, « Ukraine : cap à l'ouest », *Politique internationale*, nº 74, hiver 1996-1997, p. 161-183.

加盟は「ウクライナに安全、主権、そして領土保全および国境の保全を保障してくれるだろう」[23]と二〇〇五年に説明した。大統領任期中に彼が何度も示したこの姿勢は、ロシアとの間に激しい緊張を生み出した。特にそうだったのが二〇〇八年であり、ブカレストでのNATOサミット（四月）が開催される直前と、まさに開催している時だった。同年一月にはウクライナの指導者たちが「NATO加盟のための行動計画（MAP）」への加入申請書を提出し、それに対して各加盟国が自国の立場を表明する予定だった。[24]

ウラジーミル・プーチンが、ウクライナがNATOに加盟すればロシアはミサイルをこの国に向けざるをえないだろうと二〇〇八年二月に明言し、その四月にロシアの外務大臣セルゲイ・ラブロフが「我々はウクライナとジョージアのNATO加盟を阻止するためには何でもするだろう」[25]と発言したのは、このような状況においてだ。さらにこのサミットの時、プーチン大統領がウクライナに対して発したとされる脅しをロシアメディアが伝えた。日刊紙コメルサントはある外国の外交官の話を暴露した。その外交官はウラジーミル・プーチンがジョージ・W・ブッシュ米大統領に次のように言ったのを耳にしたとのことだ。「ウクライナは国家ではない。その領土の一部はもともとは東欧のものだ。最も重要なほかの部分をウクライナに与えたのは我々だ！」。それからプーチンは、ウクライナのＮＡＴＯ加盟を阻止するために、ロシアはクリミアとこの国の東部の状況をいつでも揺るがすことができる、とほのめかしたとされる[26]。

この問題におけるウクライナとロシアの外交的緊張が和らぐには、ヴィクトル・ヤヌコーヴィチが政権の座に就く二〇一〇年まで待たなければならない。その主な理由は、両

（23）*Interfax-AVN*, 20 octobre 2005.

（24）ウクライナはこのサミット中、完全加盟への第一歩と一般的にみなされていた「ＮＡＴＯ加盟のための行動計画」への立候補について、前向きな反応を得られなかった。その主な理由は、ＮＡＴＯ加盟を目指すウクライナ政府の意欲が当時非常に大きな反感を国民から抱かれたことと、この問題はウクライナの主要政党の間でも意見が一致していなかったことだった。こうした状況を見たＮＡＴＯは、ブカレストサミットの際にウクライナはいつかＮＡＴＯのメンバーになるだろうとたしかに述べたが、「ＮＡＴＯ加盟のための行動計画」への申請を延期させたいとも考えた。この延期の決定は二〇〇八年十二月に確認された。

（25）*RIA Novosti*, 14 février et 8 avril 2008.

（26）*Kommersant*, 7 avril 2008 ; *RFE/RL News Line*, 8 avril 2008.

国間の紛争の中心にあったウクライナのNATOとの関係が、即座にロシアが望む方向へと見直されたからだ。ウクライナは「ブロック外」という地位を採択し、それを内政・外交の基本に関する二〇一〇年七月一日の法に書き込んだ。NATOとの協力はその後も続くが、もはや「NATO加盟のための行動計画」など論外だった。[27]状況が再び変化した。二〇一三年から二〇一四年の危機とペトロ・ポロシェンコの大統領選出の後には、状況が再び変化した。というのも、二〇一四年十二月にポロシェンコが、自国の「ブロック外」という地位に終止符を打つ法律を公表したのだ。彼は、外交政策に関するウクライナの最優先課題の一つはNATO加盟であること、そしてウクライナが加盟に立候補する場合は国民投票を実施することを宣言した。[28]こうした将来はまだ先のように思われるが、この方向へのあらゆる変化が再び両国間の大きな緊張関係の的になることにはほとんど疑いの余地がない。

ウクライナの欧州あるいはNATOとの関係以外にも、ロシアのポストソビエト圏の統合計画に対するウクライナの態度も、ロシアにとっては苛立ちの原因だった。そして今でもそうである。先に見たように、ウクライナがロシアから離れる道を行くことは、多くのロシア人にとって許せないことだ。ソ連およびロシアの指導者がスラブ三カ国間の一体性を保持しなければならないという原則から常に出発してきただけに、ウクライナのこの態度はいっそう許せないことなのだ。独立国家共同体（ＣＩＳ）の創設に至った背景にはこのような考え方があった。ボリス・エリツィンにとって「ＣＩＳは独自の地政学圏を保持する唯一の方法だった」[29]。しかしウクライナ当局は、ＣＩＳについてほかとは非常に異なる見方をしていた――ＣＩＳの究極目的は、統合の新たな形態ではなく、ソ連崩壊後の諸問題を作法に則って解決できる、対話・協議・交渉の場を作ることでしかない、と彼らは考えていた。ウクライナの指導者たちの頭のなかでは、もし統合がありうるならば、それは何よりもまず欧州機構や欧州・大西洋機構においてだった。

（27）Voir Foreign Policy Research Institute (Académie diplomatique de l'Ukraine, ministère des Affaires étrangères), *International Weekly*, 25 mai-11 juin 2010, n° 3-4-5.
（28）*UNIAN*, 18 décembre 2014.
（29）B. Eltsine, *Sur le fil du rasoir. Mémoires*, trad. D. Sesemann, A. Roubichou-Stretz, C. Zeytounian-Beloüs, B. du Crest, Paris, Albin Michel, 1994, p. 160-161 ; Mikhaïl Gorbatchev, *Décembre 1991. L'histoire des jours qui virent disparaître l'URSS*, Zug, Éditions CopArt, 1993, p. 67-69.

そうした理由から、一九九〇年代初めからウクライナはすでに、自国の主権を制限しうるＣＩＳのイニシアチブからたびたび距離を置いてきた。こうしてクラフチュク大統領下では、一九九三年一月に採択されたＣＩＳ憲章に調印するのを拒み、一九九二年五月にタシケントで締結された集団安全保障条約にも加盟せず、ポストソビエト圏内での平和維持軍の創設に関するロシアの提案も拒否した。[30] レオニード・クチマも前任者と同じように、ＣＩＳに対して非常に懐疑的な態度を示した。彼はＣＩＳを「対話の場」や「ソ連の旧共和国の円満離婚メカニズム」以上でも以下でもないと見ていた。[31] 一九九七年にウクライナは、それらの国のうちＣＩＳに対して自国と同じ見方を共有し、自国と同じくロシアとの間に距離を置こうとしていた数カ国（ジョージア、アゼルバイジャン、モルドバ）とともに、〔民主主義と経済発展のための機構〕ＧＵＡＭ（当該国の頭文字）という非公式な場さえ創設した。ＧＵＡＭの目的は加盟国の外交政策と安全保障政策を調整することだったが、その創設はロシアでは自国に敵対するものだとただちに受け止められた。

以上のように振る舞うことで、ソ連の旧共和国の統合を強化するためにＣＩＳの枠組みで開始されたイニシアチブに対していつも距離を置いたウクライナは、この共同体の失敗と当地域全体におけるロシアの影響力低下の大きな原因となった。二〇〇九年にロシアがベラルーシとカザフスタンとともに形成した関税同盟にウクライナも加盟するよう、ロシアの指導者たちが近年この国に対して圧力や脅しを重ねたのは、こうした歴史が繰り返されるのを避けるためだ。この関税同盟は、ウラジーミル・プーチンが二〇一一年十月に発表したポストソビエト圏の大統合計画「ユーラシア連合」の中心的要素だった。この連合は二〇一五年一月に当初の予定通りに誕生できたものの、ウクライナの参加なしでは到底同じ意味を持たない。

ロシアの支配から脱しようとするウクライナ政府の意欲は、ロシアとの間に大きな緊張状態を生み出したが、それはとりわけ複雑な問題である。いくつもの分野でウクライナが

（30）A. de Tinguy, « L'Ukraine, la Russie et l'Occident, de nouveaux équilibres dans une nouvelle Europe », in A. de Tinguy (dir.), *L'Ukraine, nouvel acteur du jeu international*, Bruxelles et Paris, Bruylant et LGDJ, 2000, p. 31-35.

（31）L. Koutchma, « Ukraine : cap à l'ouest », art. cité.

依然としてロシアと強く結び付いているだけに、なおさらそれは容易ではないのだ。

Ⅱ　強い依存

しばしば緊張状態に支配されるウクライナとロシアの関係だが、接近したことも定期的に何度かあった。それは一九九四年のレオニード・クチマの政権獲得直後と、彼の二期目のうち二〇〇〇年から二〇〇三年まで、そして二〇一〇年のヴィクトル・ヤヌコーヴィチの大統領選出後と黒海艦隊のクリミア駐留の延長に関するハルキウ協定の調印後である。当時ウクライナとロシアの関係が改善されたのは、ウクライナがロシアに対してより宥和的な対話を復活させようとしたことがその主な理由だ。全般的に言えば、両国間の経済的な結び付きの大きさと、ウクライナの領土にロシア系住民が多く暮らしていることが、ウクライナがロシアとの特別な関係を維持せざるをえない要因である。

1　経済的な結び付きの重み

ウクライナが独立してから数年間は、ウクライナとロシア間の対話の完全なる断絶は、それがウクライナ経済に与えたかもしれない悪影響を考慮に入れると、考えられないことのように見える。実際、ロシアが長い間ウクライナの最重要の貿易パートナー国だったことを知るのが重要だ。二〇一〇年にはウクライナの貿易の三一・六パーセントがロシアとの間で行われ、それに対してＥＵ二十七カ国とは二八・六パーセントだった。ロシアはウクライナへの最大供給国（ウクライナが輸入する三六・二パーセントがロシア発で、それに対して三一・三パーセントがＥＵ発）かつウクライナの最大顧客（ウクライナが輸出する二六・二パーセントがロシア向けで、それに対して二五・五パーセントがＥＵ向け）だった。ロシアとウクライナの貿易関係は二〇一三年から二〇一四年にかけての冬の危機の後、そしてウクライナ東部における紛争の後に悪化したものの、ロシアは重要なパートナー国であり続けた。二〇一四年においてもウクライナはその貿易の二〇・八パーセントをロシアとの間で行っていた（ＥＵ二十八カ国とは三五・二パーセント）。輸出の割合は隣国であるロシアに対しては一八・二パーセント（ＥＵに対しては三一・六パーセント）、輸入の割合は二三・三パーセントに上った（EUからは三八・七パーセント）。しかし近年、特に二〇一六年一月一日にウクライナとEUの間で自由貿易協定が発効した後、ウクライナはロシアに徐々に背を向け、EUとのつながりがより緊密になった。二〇二一年においてロシアとの貿易は今やたった六・八パーセント、それに対してEU二十七ヵ国とは三九・六パーセント、中国とは一三・七パーセントだった。[32]

しかし、いくつかの部門（特に航空産業・原子力産業・運輸業）では、多くのウクライナ企業にとってロシア市場は不可欠であり続けている。ウクライナの依存が最も顕著に感じられるのはエネルギー分野においてだ。ガスプロムが発表した数字によると、[33]二〇一二年にロシアはウクライナのガス消費量の六〇パーセントを占める三十三立法ギガメートルのガスを輸出した。長年、その依存は一方通行ではなかった。というのも、ウクライナは重要なガス通過国だったからだ（欧州に輸出されるロシア産ガスの八〇パーセントがウクライナ領土を通っていた）。しかし、ロシアが導入した迂回戦略（なかでも二〇一二年からバルト海を通ってロシアとドイツをつなげたガスパイプライン「ノルドストリーム」）がこの依存を大きく下げる結果となった。二〇二一年には、欧州諸国に届けられるガスの三〇パーセントしかウクライナを通過しなかった。とはいえ、いくつかの観測筋によれば、ウクライナは二〇二〇年から二〇二五年の期間に約七十億ユーロの通過料を受け取るとされる(34)。ウクライナのロシアとの経済的およびエネルギー面のつながりは、この国が独立して以降、その外交政策に課され続けている制約を示している。ウクライナ政府は対ロシア政策において、ほかにもう一つの要素を考慮に入れなければならない。それは、自国に少数派

(32) 欧州委員会の貿易総局の数字はオンライン上で確認できる：https://policy.trade.ec.europa.eu/eu-trade-relationships-country-and-region/countries-and-regions/ukraine_en.Voir aussi P.H. Girard-Claudon, « Comment l'économie ukrainienne a tourné le dos à la Russie », *La Croix*, 15 février 2022.

(33) ガスプロムは天然ガスの採掘・加工・輸送に携わるロシア企業である。

(34) Cf. V. Hervouet, « L'Ukraine, aussi, bénéficie économiquement du gaz russe », *Europe 1*, 31 mars 2022. Sur la question gazière, voir aussi C. Locatelli, « La question du gaz dans les relations entre l'UE, la Russie et l'Ukraine », in *Annuaire français des relations internationales, 2015*, Bruxelles, Bruylant, p. 205-218 ; P. Terzian, « La crise énergétique ukrainienne », *Le Monde*, 31 mars 2014.

のロシア系住民が多く暮らしているということだ。

2 少数派のロシア系住民の重み

ソ連の旧共和国すべてのなかでロシア系住民が最も多く暮らしているのは、ウクライナの領土においてである。たとえば二〇〇一年の調査では、ウクライナの全人口の一七・三パーセント、八三〇万人だった。少数派のロシア系住民たちは、主としてクリミア——そこでは人口の多数派(五八・五パーセント)を形成している——そしてこの国の東部に集中している。ルハンシク州のロシア系住民は全住民の三九パーセントを占めており、クリミアに次いでロシア系住民が最も多く暮らしているのは東部のこの地域においてだ。ドネツィク州では住民の三八・二パーセント、ハルキウ州では二五・六パーセント、ザポリージャ州では二四・七パーセント、ドニプロペトロウシク州では一七・六パーセントをロシア系住民が占めている。南部においては、オデーサ州では住民の二〇・七パーセント、ヘルソン州では一四・一パーセント、ミコライウ州では一四・一パーセントをロシア系住民が占めている。(35)

ウクライナに少数派のロシア系住民が多く暮らしているのは、ロシア帝国それからソ連と共有してきた数世紀にわたる歴史の結果である。キーウを含むドニエプル川の左岸側の大部分がロシアと緊密に結び付くようになったのは、ペレヤスラウ協定が締結された一六五四年以降のことだ。黒海北岸部に位置する現在の南ウクライナの諸地域は、十八世紀末から「ノヴォロシア（新ロシア）」という名でロシア帝国に統合された。クリミアについては一七八三年にエカテリーナ二世によって併合された。したがって、ウクライナで暮らすロシア系住民の大部分がこの地に根付いたのはずっと昔なのだ。それゆえ彼らの多くはそこが自分の居場所であると感じ、そのウクライナ領土を離れて彼らの「基準国（ロシア）」に移り住みたいとは少しも思っていない。

移住に関するデータが示すところでは、一九九〇年代であれ二〇〇〇年代であれ、ウク

(35) 二〇〇一年の調査データはオンライン上で確認できる：http://2001.ukrcensus.gov.ua/eng.

(36) Voir A. de Tinguy, *La Grande Migration. La Russie et les Russes depuis l'ouverture du rideau de fer*, Paris, Plon, 2004, p. 373-374.

ライナのロシア系住民はそれほどロシアへ戻っていない(36)。また、これらのロシア系住民の大部分が、一九九一年に実施された国民投票の時に、ウクライナの独立に賛成票を投じたことを指摘したい(37)。ジル・ルプザンが説明するように、「ロシア国籍を有していることやロシア語の言語コミュニティに属していることは、独立した民主的なウクライナ国家への忠誠と相容れないわけでは決してない(38)」。歴史、民族的な近さ、言語、文化、そしていくつかの地域については隣国ロシアとの地理的な近さから受け継がれたつながりにより、ウクライナで暮らすこれらのロシア系住民の大部分が、自分の国の場所はロシアの隣にあると考えているのだ。安定したウクライナ国家を作るには、ウクライナのアイデンティティが共通の言語や文化とは別のものによって定義されうるという考えを指導者たちは受け入れなければならない。彼らの主な挑戦は、この国の地域的不均質性の存在を認めることと、自国の内政および外交の立案においてそれが国民の間に生み出すさまざまな要求を考慮に入れることにある。

III　ウクライナ社会におけるロシアに対する見方
――ユーロマイダン以前と以後

ロシアとの関係では、二〇一三年から二〇一四年の出来事〔ユーロマイダン〕の以前と以後が明確に存在している――そしてほぼ間違いなく、二〇二二年のロシアによる侵攻も以前と以後を生じさせるだろう。ウクライナ社会が隣国ロシアに向けていた視線はその時まで複合的で重層的、そして時に流動的だったものの、そこには本当の好感が表れていた。

(37) 一部の予測によれば、ウクライナのロシア系住民の七〇パーセントがウクライナの独立に賛成票を投じたとされる。Voir D. Vydrin, « Les Russes en Ukraine lors du référendum sur l'indépendance », *Hérodote*, n° 64, janvier-mars 1992, p. 89-101.

(38) G. Lepesant (dir.), « Avant-propos », *L'Ukraine dans la nouvelle Europe*, Paris, CNRS Éditions, « Espaces et milieux », 2004, p. 11.

ユーロマイダンの時のロシアの姿勢、クリミアの併合、それからロシアによるドンバス地方の分離主義者たちへの支援が、状況を根本から変化させた。ロシアの策略に深い衝撃を受けたウクライナ国民は、今では不信感どころか敵意を持ってロシアを見る傾向がある。

1 隣国ロシアに対する本当の好感

V・ユシチェンコ政権下とV・ヤヌコーヴィチ政権下で実施された世論調査の結果によると、当時ロシアは全体的にプラスのイメージを持たれていた。この国は実際のところウクライナ社会の大部分が最も好感を抱く国々に属し、一般的に「兄弟国」「友好国」「戦略的パートナー」と思われていた。二〇〇九年には、多くの人（五八パーセント）がロシアを「ウクライナが最も信頼している同盟国の一つ」[39]とみなしていた。こうしたロシアに対するプラスのイメージは、ウクライナとロシアの関係に悪影響を及ぼした危機によって、幾分、そして一時的に揺らいだものの[40]、ロシアの指導者に対しても同様に当てはまっていた。たとえば、ウクライナ人は一般的にプーチン大統領を高く評価していた。二〇〇七年九月にピュー・リサーチセンターが行った調査の回答者のうち五六パーセントに、国際舞台でのプーチンの行動と姿勢に賛同する一般的傾向があった。

ロシア人もまたウクライナ国民からの好意的なイメージを享受していた。そのことを示唆したのはウクライナ科学アカデミー社会学研究所が実施した調査である。その調査の結果、二〇〇〇年代初めにはウクライナ国民のロシア国民との社会的距離が小さかったことが示された。ウクライナ人の大部分はロシア人に対して不信感も敵意もまったく抱いていなかったどころか、彼らに比較的親しみを感じていたのだ[41]。

他方、ロシアが全面的に得ていた（国家・指導者・国民に対する）プラスのイメージは、

（39）« Two decades after the Wall's fall : End of communism cheered but now with more reservations », Pew Research Center's Global Attitudes Project, novembre 2009.
（40）たとえば、二〇〇九年一月のガスをめぐる危機の直後にロシアのイメージが一時的に悪化したことが世論調査の結果示された。
（41）V. Vorona, M. Shulga (dir.), *Ukrainian society (1992-2013) : Current State and Dynamics of Changes : Sociological Monitoring* [en ukrainien], Kiev, Institute of Sociology, National Academy of Sciences of Ukraine, 2013, p. 536.

住民たちの外交関係に関する要求にしばしば反映されていた。たとえば、ロシアとの協力が自国の外交政策の主たる方針になってほしいと願うウクライナ国民の割合は、二〇〇五年から二〇〇九年にかけて三八・八パーセントから五二・五パーセントへと上昇したことを指摘したい。この割合はたしかにその後の数年間で低下したが、二〇一二年八月にはラズムコフセンターによる調査に回答した人のうち約四〇パーセントが、ロシア・ベラルーシ・カザフスタンから成る関税同盟にウクライナが加盟することを望んでいた(42)。したがって全体として捉えれば、ウクライナ人はロシアに対して好意的な意見を持っていた。

それでも、世論調査の結果を詳しく分析することで、地域ごとに異なるこうしたイメージを細かく見分けることができる。ウクライナ西部の州ではロシアはかなり否定的に見られていた。西部地域で暮らす人びとは一般的にロシアを「ただの隣国」、さらにはウクライナにとっての「脅威の源」になりうる「敵国」とみなす傾向があった。ロシアの指導者に対する見方も同様だった。たとえば、ウラジーミル・プーチンがウクライナの南部および東部で高い信頼度を得ていたのとは逆に、その人気は西部では低いどころかほんのわずかだった。ロシアとの関係発展を最優先にすることや、ロシア・ベラルーシ・カザフスタンから成る関税同盟にウクライナが加盟することに、住民のごく少数しか賛意を表明しなかった（前者については二〇〇九年に一五パーセント未満、後者については二〇一二年八月に一〇パーセント未満）のも、この国の西部においてだ。(43)

欧州との関係の場合と同様に、ウクライナ社会のロシアとの関係を特徴づける地域的亀裂も、歴史の重要性によってその大部分を説明することができる。先に見たように、この国の西部地域がウクライナ共和国に統合されたのは第二次世界大戦の時でしかない。さらに、この統合は多くの弾圧を伴った。それゆえ、これらの地域のロシアとの関係に未だに不信感、さらには敵意が残っていることは驚くに当たらない。同様の指摘がウクライナの東部と南部についてもなされうる。これらの地域がロシア帝国それからソ連と数世紀にわたる歴史を共有してきたことをもう一度繰り返しておきたい。したがって、これらの地域

（42）«EU-Ukraine-Russia relations : Problems and prospects», art. cité.
（43）*Ibid.*

がこの国のほかの地域よりもロシアのほうを向いているのは何も特別なことではない。こうした歴史の結果として、先に見たように、クリミア半島とウクライナの東部には少数派のロシア系住民がこの国で最も多く暮らしているのだ。社会のレベルで数世紀にわたって発展してきた親近性と緊密なつながりにより、なぜこれらの地域の住民が、ウクライナ政府の外交政策の最優先目標にすべきはEUよりもロシアとの関係の強化だと考える傾向があるのかを、さらに深く理解することができる。

欧州との関係の場合でも強調した世代間の差は、ロシアに対する見方とこの国との関係の強さについても見られる。ロシアとの緊密なつながりを発展させることを支持する人は、二〇一二年には五十歳代と六十歳以上の高齢者に最も多くいた（それぞれ三三・一パーセントと四五パーセント）。これと同じ意見の若者（十八歳〜二十九歳）の割合は、たった一九・六パーセントだった[44]。

それゆえに、ウクライナ社会のロシアとの関係は二〇一三年から二〇一四年の危機までは複雑だった。ある人びとにとってはプラスである人びとにとってはマイナスだったウクライナにおけるロシアのイメージは、多元的なままだった。この状況はそれから一年もしないうちに根本的に変化した。

2　ロシアのイメージの不可避的な悪化

ウクライナ国民は、ユーロマイダンの時とその直後のロシアの策略に深く影響を受けたようだ。クリミアの併合とドンバス地方の紛争へロシアが介入した結果、この国のイメージはウクライナにおいて大きく悪化した。そのことをキーウ国際社会学研究所が実施した研究の結果が示している——この国を好意的に見る国民の割合は長年にわたって八〇パーセントから九三パーセントの間を揺れ動いていたのに、二〇一四年九月には四八パーセントに急落し、二〇二一年十二月にはたった三四パーセントになった。(45) ウラジーミル・プー

(44) *Ibid.*
(45) « Attitude of the population of Ukraine to Russia and what the relations between Ukraine and Russia should be », communiqué de presse de l'Institut international de sociologie de Kiev, 17 février 2022.

チンの人気度も同様に大幅に減少した――ピュー・リサーチセンターがウクライナで実施した調査では、二〇一四年春にプーチンを信頼していたのは回答者のうちたった二三パーセント、二〇一九年には一一パーセントだった[46]。さらにラズムコフセンターの調査の結果によると、ウクライナ国民はロシア人に親しみを感じなくなってきている。二〇一五年九月に回答者のうち六四・九パーセントがそのように答えたのだ。二〇一三年から二〇一四年にかけての冬以降ウクライナを襲った危機におけるロシアの姿勢は、ウクライナ国民の外交政策に関する考え方にも影響を及ぼした。二〇一五年九月のラズムコフセンターの調査によると、ロシアとの協力をウクライナの外交政策の主軸とすべきと考えていたのは回答者のうちほんの少数（一三・七パーセント）だった。ロシア・ベラルーシ・カザフスタンから成る関税同盟にウクライナが加わることを望む国民は、二〇一二年には三分の一以上いたものの、二〇一五年九月にはたったの一五・九パーセントだった。

ドンバス地方での戦闘とロシアによるクリミア併合のために、二〇一四年以降これらの地域で実施された世論調査は信頼性に欠けている。地域的分断が持続しているのか、それとも解消傾向にあるのかを知ることは難しい。他方、ロシアに対する見方において世代を

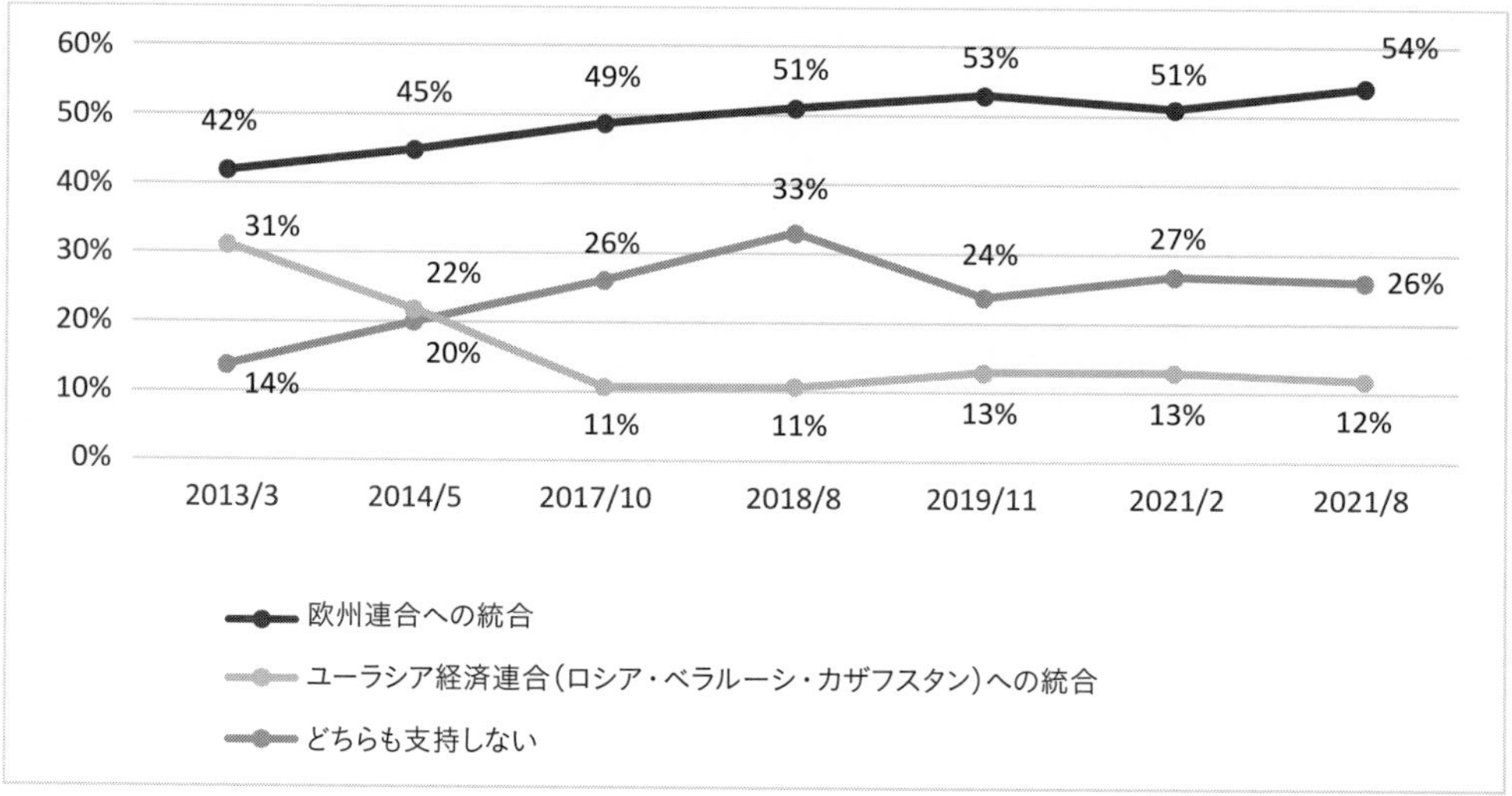

図３　ウクライナの外交政策に関する方針

欧州連合への統合およびユーラシア経済連合への統合を支持する国民の割合（「民主的イニシアチブ」財団より*）。

＊「民主的イニシアチブ」財団による 2021 年 11 月のレポート参照 : https://dif.org.ua/article/chogo-dosyagla-ukraina_

分けていた溝が埋まりつつあることは明らかだ。ウクライナとロシアの関係強化に賛意を表明する五十歳代と六十歳以上の高齢者の割合は、前の数年間と比べて大幅に減少し、二〇一五年九月にはそれぞれ一三・二パーセントと二〇パーセントにすぎなかった。このように、彼らの意見はもっと若い人たち（十八歳から二十九歳）の意見に近付きつつある。若い人のなかでロシア国家と緊密な関係を築くことを望んでいるのはたった九・一パーセントだ(47)。

二〇一三年から二〇一四年以降ウクライナを襲った深刻な危機において、ロシアが演じた役割、そして二〇二二年のロシアによる侵攻を考えると、この国がウクライナ国民から短・中期的に好意的な評価を取り戻せる見込みは非常に薄いように思われる。二〇一四年にミハイル・ゴルバチョフの元ブレーンであるアンドレイ・グラチョフがクリミア併合に関してすでに強調していたように、「ロシアは数世紀の間二つの国民を結び付けてきた緊密で真に兄弟的な関係に決定的な一撃を与えた」。すなわち、ロシアは「長きにわたり、数世代にわたり、ウクライナを失った(48)」のだ。

(46) «Despite concerns about governance, Ukrainians want to remain one country», Pew Research Center's Global Attitudes Project, mai 2014 ; «Russia and Putin receive low ratings globally», Pew Research Center, 7 février 2020.

(47) «Prospects of Ukrainian-Russian relations», art. cité.

(48) A. Gratchev, *Le passé de la Russie est imprévisible. Journal de bord d'un enfant du dégel*, trad. G. Ackerman et P. Lorrain, Paris, Alma Éditeur, 2014, p. 458.

結び

二〇一三年から二〇一四年のユーロマイダン、ロシアによるクリミア併合、そしてドンバス地方で勃発した戦闘へのロシアの軍事介入は、ウクライナの歴史において転機を画した。これらの出来事によってウクライナは、採用したいと望んでいた国際的立ち位置を固めた。連合協定の調印と両者間の自由貿易圏の設置により、ウクライナはＥＵとの関係における新たな段階に入った。ロシアによる侵攻を背景に両者のつながりはさらに強化され、二〇二二年六月には、ＥＵ二十七カ国の国家元首および首相が、ウクライナに加盟候補国という地位を与えることを全会一致で決定した。だが、欧州統合の道はおそらくウクライナにとって長く、そして複雑であろう。それはとりわけＥＵが要求している諸改革を、採択し実施するウクライナの指導者たちの能力にかかっている。その仕事は非常に複雑だ——慢性的な汚職との戦い、オリガルヒおよび政治・金融界のこの国の政治への影響を小さくすること、国家の首脳部に蔓延する縁故主義を絶つこと、司法の独立性を高めること、人権の尊重を保証して法治国家を再建すること、国内において権力の分散化を促すこと、経済状況を立て直すことなどだ。二〇二二年のロシアによる侵攻と、それがこの国に引き起こした甚大な被害を考えると、おそらくウクライナはこれらすべての試練を乗り越えるのに非常に困難を要するだろう。平和と復興への道は長期にわたる可能性がある。しかし、二〇二二年二月二十四日からロシアの占領軍に対する抵抗に国民が加わったことは、二〇一三年から二〇一四年の出来事の時のように、ロシアとの戦争がウクライナという国を強固にする結果となったことを示している。この戦争はまた、ウクライナとその主要な国際的パートナーとの関係に多大なる影響を及ぼすだろう。

ヴェルホーヴナ・ラーダ

ウクライナ最高議会の呼び名。ウクライナの唯一の立法機関であるヴェルホーヴナ・ラーダは、五年ごとに選挙で選ばれる四五〇名の議員によって構成される。

欧州安全保障協力機構（OSCE）

欧州安全保障協力機構（一九九五年までは欧州安全保障協力会議（CSCE）だった）は一九七三年に創設された。五十七の加盟国（北米・アジア・欧州の国々）における安定、繁栄、そして民主主義のために活動している。その主な任務は、紛争の予防および管理、人権・民主主義的規範・法の支配の保護、武装解除、テロとの闘いなどだ。この機構はとりわけ民主制度・人権事務所（ODIHR）が実施する選挙監視活動によって一般の人びとに知られている。

欧州近隣政策

二〇〇四年に導入された欧州近隣政策（ＥＮＰ）は、ＥＵの隣国との政治・経済協力の二者間戦略を実施することで、これらの国々の繁栄・安定・安全を強化することを任務としている。しかし、ＥＵ加盟への道を開くことはない。ＥＮＰは計十六カ国――ロシアを除く旧ソ連の国々（アルメニア、アゼルバイジャン、ベラルーシ、ジョージア、モルドバ、ウクライナ）と地中海沿岸の十のＥＵパートナー国（アルジェリア、エジプト、イスラエル、ヨルダン、レバノン、リビア、モロッコ、パレスチナ自治政府、シリア、チュニジア）――を対象としている。

北大西洋条約機構（NATO）

北大西洋条約機構（「大西洋同盟」とも呼ばれる）は第二次世界大戦後の一九四九年四月に、外の脅威、特にソ連の脅威に対して欧州大陸の安全を保障するために創設された。一九九九年、二〇〇二年、二〇〇八年に、中・東欧の国々そして一部のバルカン諸国に拡大した結果、今日では二十八カ国が加盟している。

ソ連

一九二二年に創設されたソビエト社会主義共和国連邦（ソ連）は、第二次世界大戦後、十五の共和国（アルメニア、アゼルバイジャン、ベラルーシ、エストニア、ジョージア、カザフスタン、キルギス、ラトビア、リトアニア、モルドバ、ウズベキスタン、ロシア、タジキスタン、トルクメニスタン、ウクライナ）から構成される連邦国家だった。これらのソ連の共和国が独立を宣言した後、ロシア大統領（ボリス・エリツィン）とウクライナ大統領（レオニード・クラフチュク）とベラルーシ大統領（スタニスラフ・シュシケビッチ）によって、ソ連は一九九一年十二月八日に解体された。

東方パートナーシップ

二〇〇九年に開始された東方パートナーシップは、ＥＵの東方の隣国（アルメニア、アゼルバイジャン、ベラルーシ、ジョージア、モルドバ、ウクライナ）を対象にした欧州の政策であり、これらの国々のEUとの特に政治・経済的なつながりを強化することがその目的である。この政策は欧州近隣政策の枠組みに入り、加盟プロセスとは異なる。

独立国家共同体（CIS）

ソ連崩壊後、一九九一年十二月八日にロシア大統領（ボリス・エリツィン）とウクライナ大統領（レオニード・クラフチュク）とベラルーシ大統領（スタニスラフ・シュシケビッチ）が独立国家共同体（CIS）の創設を発表した。ソ連の旧共和国間の連携・協力のためのこの組織は、当初、経済・政治・軍事的な関係を新たな独立国家の間で維持することを目的としていた。しかし、新たな形の（特にロシアとの）深い統合という考えをこれらの国々の多くが拒んだため、CISは「中身のない殻」のままだ。一九九一年には十二カ国（加盟を望まなかったバルト三国を除く、十五のソ連の旧共和国）が加盟していたが、今日では九カ国だけである――トルクメニスタンは二〇〇七年から準加盟国という立場にあり、ジョージアは二〇〇八年のロシア・ジョージア紛争後に脱退した。ウクライナは二〇一四年のロシアによるクリミア併合直後に脱退した。

ドンバス

ロシアと国境を接するウクライナ東部の地方であり、少数派のロシア系住民およびロシア語話者が多く暮らすルハンシク州（oblasts）とドネツィク州が含まれる。ユーロマイダンとロシアによるクリミア併合の直後に現れた分離主義運動の活動を終わらせようと、二〇一四年春にウクライナ当局が軍事作戦を開始したのはこの地方においてである。

（EU）連合協定

EUと非EU諸国の間の協定。特に政治・経済・社会・文化の分野における協力の諸条件がEUと各パートナー国の間で定められている。

ロシア・ベラルーシ・カザフスタンの関税同盟

ロシア・ベラルーシ・カザフスタンの関税同盟は二〇〇九年に結成され、二〇一〇年七月に発効した。その主たる目的の一つは、第三国との商品取引および加盟国間の商品流通を管理するための共通ルールを確立することである。この関税同盟は、旧ソ連の五カ国（アルメニア、ベラルーシ、カザフスタン、キルギス、ロシア）によるユーラシア経済連合の二〇一五年一月の創設の基礎となった。

ワルシャワ条約機構

一九五五年に創設されたワルシャワ条約機構は、共産主義圏の国々の多く（創設メンバー国はソ連、ドイツ民主共和国、ポーランド、ハンガリー、チェコスロバキア、ルーマニア、ブルガリア、アルバニアだった）の間で締結された軍事同盟で、一九四九年に誕生した北大西洋条約機構（ＮＡＴＯ）に対抗するものとして冷戦の枠組みで考案された。ベルリンの壁と中欧の共産主義政権が崩壊した直後の一九九一年二月に解体された。

訳者あとがき

ロシアによるウクライナへの軍事侵攻が始まってから、すでに一年半が経過した。戦車、ミサイル、無人機などによる攻撃がいまだ止まず、死者や負傷者の数は増加し続けている。停戦につながる和平交渉の実現は難しく、戦争の終結への道筋は見えない。

突然破壊された建物、爆撃音のなかで暮らす人びと、各地の戦線における両軍の激しい攻防。そうした緊迫した場面が、テレビニュースやインターネットで毎日繰り返し流されている。デジタル環境の発展のおかげで、スマートフォンで戦争の悲惨さをリアルタイムで追うことができる時代になった。自分でニュースを探さなくとも、ＳＮＳを開けば世界各地の衝撃的な映像がタイムラインに流れてくる。ただ、世界で起こっている戦争や紛争のニュースにそうして手軽にアクセスできることが、事態を深く理解することにつながるかはわからない。

国際情勢の変化もめまぐるしい。二〇二二年二月二十四日のウクライナ侵攻後、四月のブチャの虐殺のような非人道的な行為も発覚し、各国首脳と国際機関は方針を大きく転換させた。プーチン氏は今や「戦争犯罪者」とみなされ、「信頼するに値する相手」ではなくなったことで、外交による解決が期待されなくなった。ウクライナとモルドバのＥＵ加盟候補国承認（二〇二二年六月二十三日）など、これまでずっと進展しなかった手続きが政治的決断によってかつてない速度で進む一方、ウクライナへの武器供与など、方針転換の決定までに何カ月もかかったケースもある。ドイツによる戦車「レオパルト２」の供与が象徴的な例だ。経済面では、ウクライナを支援する欧州各国がそれまで依存していたロシアからの天然ガス輸入を大幅に削減し、それによってインフレが急激に加速した。

ＮＡＴＯのような軍事同盟、そして軍事産業の強化がいっそう強く求められるようにもなった。二〇一九年十一月には、マクロン大統領はNATOを「脳死状態」であると述べ、その存在意義を疑問視していた。しかし、NATOは今や、彼にとっても他国にとっても欧州防衛に不可欠な存在だ。さらにマクロン氏は、それまでの慎重姿勢を二〇二三年七月に転換させ、しかるべき時においてウクライナがNATOに加盟することを公に支持するに至った——米国とドイツは反対の姿勢のままだ。こうした突然の方針転換は各国の政治家やメディアを驚かせ、時に苛立たせもした。スウェーデンとフィンランドもNATOへの加盟申請を行い、歴史的な転換を果たした。二〇二二年六月のマクロン氏の、フランスは「戦時経済 (économie de guerre)」に突入したという発言には政治的なレトリックも感じられるが、フランスの軍事産業を勢いづかせたことは確かだ。ストックホルム国際平和研究所によれば、二〇二二年の世界の武器貿易に占めるフランスの割合は一一パーセントであり、この数字は米国の四〇パーセントには程遠いが、一六パーセントのロシアに徐々に迫ってきている。

フランス・ロシア関係も、ウクライナ侵攻をきっかけとして著しく変化した。マクロン氏が二〇一七年に大統領に就任した直後にフランス（ベルサイユ宮殿）に招待した外国首脳が誰だったか覚えているだろうか？　それはプーチン氏だ。二〇一九年夏にも、南仏の大統領専用保養地であるブレガンソンに彼を迎え、ロシアとの接近をアピールした。その後、新型コロナウィルス（Covid-19）感染症の世界的な拡大によってしばらく直接の会談は行われなくなったが、このような両者の間の〝親密さ〟――アフリカのサヘル地域ではフランスの駐留軍とロシアの傭兵組織による縄張り争いが生じていたこともあり、全面的に良好な関係を築けていたとは言えないが――は、マクロン大統領が二〇二二年四月二十四日に再選される少し前までは続いていたように見られる。彼はウクライナとロシアの仲介役を買って出て、自身の国際的な評価を高めようと、大統領選挙運動中もこの仕事に奮闘した。ゼレンスキー氏ともプーチン氏とも数多くの電話会談を行ったとされるが、こうした努力も結局のところ、成果なく終わってしまった。その後、両国の仲介役を担ったのはトルコのエルドアン大統領だ。

メディアの注目も含め、とりわけ欧米諸国が主導していた「テロとの戦い」は「ロシアとの戦い」に全面的に移行し、地政学的にさらなる分断と再編を生み出したように見える。中国やアフリカ諸国のように、世界はロシアを敵視する国ばかりではない。各国の間ではロシアに対する制裁をめぐって亀裂が生じた。いわゆる「グローバルサウス」のような、影響力の小さい発展途上国とみなされた国々が政治的にも経済的にも無視できない存在になった今、「欧米対ロシア」といった単純な二極構図ではもはや世界のパワーバランスを捉えられなくなっている。国連の機能不全も露呈した。常任理事国にロシアも中国も含まれる安全保障理事会では、ロシアに対する決議案は拒否権の行使によって悉く否決されてしまう。

いずれにせよ、本書の著者であるエマニュエル・アルマンドンが「ほぼ間違いなく、二〇二二年のロシアによる侵攻も以前と以後を生じさせるだろう」（一〇五ページ）と書いているように、昨今のロシアによるウクライナ侵攻によって世界は一変したのだ。ちなみに、この「以前（avant）」と「以後（après）」の断絶という見方は、Covid-19感染症拡大に関する論考でも目にした印象に残る表現であったため、アルマンドン氏のこの文章を見た瞬間に自然と思い出した。この戦争「以後」の世界は、まさに現在進行形で形成されているのだが、一体この先どのような姿に帰着するだろうか？

ウクライナに視点を移すと、ゼレンスキー大統領は自国がＥＵ加盟候補国として承認された日に「歴史的で特別な瞬間だ。ウクライナの未来はＥＵの中にある」とツイートしたのだが、果たしてこの「ウクライナの未来はＥＵの中にある」という言葉は「歴史的で特別な」ものだったのだろうか？　本書を読めば、答えは「否」であることがわかる。この国が一九九一年に独立してすぐ大統領に選出されたレオニード・クラフチュクが、この時すでに「ウクライナの欧州グループへの回帰」を外交政策の最重要課題の一つ」としていたのだ。こうして本書は、一九九一年のウクライナ独立時まで歴史を遡り、歴代政権が欧州とロシアをどのように見ていたのか、両パートナーとの関係において、ウクライナの未来をどのように描いていたのかを詳しく説明している。日々の状況の変化にばかり思考が流されないよう、事象をより俯瞰的に、そして歴史的に捉えるのに本書は大いに役立つだろう。

本書『ウクライナの地政学』（原題：*Géopolitique de l'Ukraine*）は、二〇二二年十月に出版された第二版（初版は二〇一六年）からの翻訳である。したがって、当初は二〇一三年から二〇一四年のユーロマイダン、その後のクリミア併合、ドンバス地方での戦闘へのロシアの軍事介入といった出来事の分析を主眼として執筆され、ロシアによるウクライナ侵攻よりあとの第二版の出版に当たり、それ以降のことが部分的に追記された。著者のエマニュエル・アルマンドン（Emmanuelle Armandon）は、ウクライナ、そしてウクライナ・ロシア関係を専門とする政治学者であり、二〇〇九年に「ロシアとウクライナの間のクリミア――起こらなかった紛争（一九九一～二〇〇八年）」というテーマで政治学の博士号を取得した。フランス国立東洋言語文化学院（ＩＮＡＬＣＯ）の国際関係コースで研究部長を務め、「現代ウクライナの歴史」や「ロシアと中・東欧諸国が抱える現代の問題」といった講義を担当してきた。二〇一二年十二月に出版された『ロシアとウクライナの間のクリミア（*La Crimée entre Russie et Ukraine*）』（Bruylant, 三八二ページ）が初の単著で、本書はその次に執筆された。ほかにも共著あるいは論文という形で研究成果が多く残されている（実績一覧は以下のウェブページに掲載されている：http://www.inalco.fr/enseignant-chercheur/emmanuelle-armandon）。

本書の一つの重要な特徴は、まさしく「ウクライナの専門家による分析」という点にあるだろう。第一章から最後まで、主語はほぼ一貫してウクライナであり、この国の指導者あるいは国民の視点で考察されている。ただし、専門家による分析ではあっても本書の記述は明快で、読みやすい印象を受けた。これはもちろん著者の力量によるものだが、ウクライナの歴史を遡るとはいえ、一九九一年以降、つまり最近の三〇年間に分析が絞られていることがその理由の一つだと思われる。ウクライナの現代史や「地政学」という研究分野についてほとんど知らなくとも、さほど困難なく本書を最後まで読み通すことができるだろう。報道機関によるニュース、ジャーナリストが描くルポルタージュのような手法とは異なる研究の視座からも、この戦争を捉え直すことをお勧めしたい。

なお、本書の傍注は著者による注であり、〔　〕は訳者による注・補足である。ウクライナの地名のカタカナ表記については、ロシア語ではなくウクライナ語の発音によるものを選択した。それゆえ、本書を翻訳している最中に読んでいた『ウクライナ戦争』（小泉悠著、ちくま新書、二〇二二年）も参照して、たとえばハリコフはハルキウ、ドネツクはドネツィク、ルガンスクはルハンシク、オデッサはオデーサという表記を採用した。（キーウではなく）ロシア語発音のキエフとした箇所（七三ページ）については、話者がロシア人であるため意図的にそうした。

本書は、白水社編集部の小川弓枝氏にお声掛けいただき、私からも原文全体に目を通した上で本書を翻訳することを提言し、それが実現したものである。普段から本テーマに関して、ル・モンド紙やル・モンド・ディプロマティーク紙の記事を読んだり、訳したりしているとはいえ、ウクライナやロシアに精通しているわけではない私が本書を訳すことに迷いや重圧を感じなかったわけではない。しかし、本書を世に出すことの社会的意義のほうが、ためらいの感情にはるかに勝った。本書と同じ「文庫クセジュ」シリーズの『一〇〇語でわかるＢＯＢＯ《ブルジョワ・ボヘミアン》』（二〇二〇年）、『北欧神話一〇〇の伝説』（二〇二二年）に続き、本書でも原書読解において相談に乗っていただいたフランス語講師のコランタン・バルカ氏、そして編集および校正の作業を丁寧に行っていただいた小川氏には深く感謝を申し上げたい。

ウクライナをはじめとして、この戦争の被害を受けている国と人びとに早く平和な生活が戻ってくることを願ってやまない。

二〇二三年九月

村松恭平

著者略歴
エマニュエル・アルマンドン（Emmanuelle Armandon）
政治学者。ウクライナ、ウクライナ・ロシア関係の専門家。フランス国立東洋言語文化学院（INALCO）で教鞭をとり、現在はエコール・サントラル（フランス国立中央理工科学校）グループの国際ネットワークで研究を行っている。

訳者略歴
村松恭平（むらまつ・きょうへい）
1984年生まれ。ル・モンド・ディプロマティーク日本語版の会代表理事・翻訳者。フランス語講師。上智大学外国語学部フランス語学科卒。東京外国語大学大学院博士後期課程単位取得満期退学。
訳書に『100語でわかるBOBO（ブルジョワ・ボヘミアン）』（白水社文庫クセジュ、2020年）、『北欧神話100の伝説』（白水社文庫クセジュ、2022年）、共訳に『わたしたちを救う経済学——破綻したからこそ見える世界の真実』（ele-king books、2019年）。

索　引

人　名

た行

な行

は行

ま行

や行

ら行

その他

（ウクライナ、ロシア、ソ連、ＥＵ等頻出するものは除く）

略記号

あ行

か行

さ行

た行

な行

は行

参考文献

Armandon E., *La Crimée entre Russie et Ukraine. Un conflit qui n'a pas eu lieu*, Bruxelles, De Boeck et Bruylant, 2013.

Aslund A., McFaul M. (éd.), *Revolution in Orange : The Origins of Ukraine's Democratic Breakthrough*, Washington D.C., Carnegie Endowment for International Peace, 2006.

Breault Y., Jolicœur P., Levesque J., *La Russie et son ex-empire. Reconfiguration géopolitique de l'espace post-soviétique*, Paris, Presses de Sciences Po, 2003.

Goujon A., *L'Ukraine. De l'indépendance à la guerre*, Paris, Le Cavalier bleu, 2021.〔アレクサンドラ・グージョン『ウクライナ現代史——独立後30年とロシア侵攻』鳥取絹子訳、河出書房新社、2022年〕

Kappeler A., *Petite Histoire de l'Ukraine*, trad. G. Imart, Paris, Institut d'études slaves, 1997.

Kuzio T., *Ukrainian Security Policy*, Washington D.C. et Westport (Connecticut), The Washington Papers – The Center for Strategic and International Studies et Praeger, 1995.

—, *Ukraine under Kuchma : Political Reform, Economic Transformation and Security Policy in Independent Ukraine*, Londres et New York, Macmillan Press et St. Martin's Press, 1997.

—, *Ukraine, State and Nation Building*, Londres et New York, Routledge, 1998.

—, Molchanov M.A., Moroney J.D.P. (éd.), *Ukrainian Foreign and Security Policy : Theoretical and Comparative*

Perspectives, Westport (Connecticut), Praeger, 2002.

Lepesant G. (dir.), *L'Ukraine dans la nouvelle Europe*, Paris, CNRS Éditions, « Espaces et milieux », 2004.

Rupnik J. (dir.), *Les Banlieues de l'Europe. Les politiques de voisinage de l'UE*, Paris, Presses de Sciences Po, 2007.

Spillmann K.R., Wenger A., Müller D. (dir.), *Between Russia and the West : Foreign and Security Policy of Independent Ukraine*, Berne, Peter Lang, 1999.

Tinguy A. de, *Le géant empêtré. La Russie et le monde de la fin de l'URSS à l'invasion de l'Ukraine*, Paris, Perrin, 2022.

Tinguy A. de (dir.), *L'Ukraine, nouvel acteur du jeu international*, Bruxelles, Bruylant, 2000.

—, *Moscou et le monde. L'ambition de la grandeur : une illusion ?*, Paris, Autrement et CERI, 2008.

Tinguy A. de, Armandon E., Delcour L., *Un an de crise en Ukraine*, étude réalisée pour la Délégation aux affaires stratégiques du ministère de la Défense, décembre 2014.

Wilson A., *The Ukrainians : Unexpected Nation*, Yale University Press, 2009 (3e éd.).

—, *Ukraine Crisis : What It Means for the West*, Yale University Press, 2014.

Wolczuk R., *Ukraine's Foreign and Security Policy (1991-2000)*, Londres et New York, Routledge Curzon, 2002.

文庫クセジュ　Q 1061

ウクライナの地政学

2023年10月15日　印刷
2023年11月 5 日　発行

著　者　エマニュエル・アルマンドン
訳　者 © 村松恭平
発行者　岩堀雅己
印刷・製本　株式会社平河工業社
発行所　株式会社白水社
東京都千代田区神田小川町 3 の 24
電話　営業部　03 (3291) 7811 / 編集部　03 (3291) 7821
振替　00190-5-33228
郵便番号　101-0052
www.hakusuisha.co.jp

乱丁・落丁本は、送料小社負担にてお取り替えいたします。
ISBN978-4-560-51061-2
Printed in Japan

文庫クセジュ

歴史・地理・民族（俗）学